KB271018

김영진 교수의 구약주석 **8** 룻기

더불어 사는 삶의 이야기 룻기

김영진 지음

더불어 사는 삶의 이야기

룻기

김영진 교수의 구약주석 8

룻기는 선택받은 이스라엘 백성과 이방 여인이 어떻게 평화롭은 삶을 누릴 수 있는가에 대하여 보여주며, 더 나아가 이방인이 구원에 관한 가능성을 열어준 책이다. 룻기는 다윗의 출생에 관하여 기록하고 있기는 하지만 의미론적인 측면에서 예수 그리스도의 가르침과 일맥상통하는 많은 내용을 담고 있다. 이스라엘 백성 사이의 축복과 은혜에 대한 감사, 이스라엘 백성이 이방인을 위한

김영진 교수의 구약주석 **8** 룻기

더불어 사는 삶의 이야기 룻기

지은이 | 김영진
펴낸이 | 이재숭
펴낸곳 | 하늘기획

주소 | 서울특별시 동대문구 청량리1동 45-8호
등록번호 | 제 6-0634호

총판 | 하늘물류센타
전화 | 031-947-7777
팩스 | 031-947-9753

ISBN : 978-89-923-2083-2   03230

구약학을 사랑하는 이에게 이 책을 드립니다.

들어가는 말

다섯 두루마리에 속하는 룻기는 구약성경 가운데 세계화(지구화) 시대를 맞이하여 다문화 사회가 형성될 때 어떻게 사회가 조화를 이루어 나갈 것인가를 보여주는 책이다. 즉 룻기는 공동체의 조화와 이를 통해 누리는 기쁨에 관하여 말하고 있다. 이러한 책의 성격과 달리 지금까지 룻기는 일반적으로 효도의 책으로 이해되어져 왔다. 그러나 룻기는 우리에게 효도를 가르쳐주는 책만은 아니다. 표면적으로 룻기는 고부간의 사랑을 보여주는 것 같지만 룻기는 그보다 더 깊은 신학적 의미를 담고 있다. 룻기는 다른 구약성경의 책들이 그런 것처럼 시대적 상황을 가장 잘 반영하고 있다. 따라서 오늘날 독자의 상황에서만 읽어서는 안 되고, 본문이 다루는 시기나 혹은 본문이 기록된 시대 정신의 빛 아래서 이해하는 것이 매우 중요하다. 이러한 관점에서 룻기를 접할 때 우리는 몇 가지 사실을 발견할 수 있다. 룻기는 선택받은 이스라엘 백성과 이방 여인이 어떻게 평화롭고 조화로운 삶을 누릴 수 있는가에 대하여 보여주며, 더 나아가 이방인의 구원에 관한 가능성을 열어준 책이다. 룻기는 다윗의 출생에 관하여 기록하고 있기는 하지만 의미론적인 측면에서 예수 그리스도의 가르침과 일맥상통하는 많은 내용을 담고 있다. 이스라엘 백성 사이의 축복과 은혜에 대한 감사뿐만 아니라 이스라엘 백성이 이방인을 위해 베푸는 은혜와 이들과 더불어 살아가는 삶에 대하여 언급하고 있다. 더 나아가 나오미라는 이름이 마라로 그리고 다시 나오미로 불리는 것을 통하여 약속의 땅을 떠난 자에게는 고통이 따르지만 귀환자에게는 축복과 은혜가 임하는 신학적 주제가 다루어지고 있다. 최근에는 다문화 가정의 수가 늘어남에 따라 다문화 가정의 행복과 번영을 위해 주변 사람들, 특히 기득권층이 어떤 노력을 해야 하는가를 보여준다. 끝으로 룻기는 여성의 역할을 구약성경 그 어느 책보다 강조하고 있다.

제1부 개론적 이해는 룻기에 관한 개론적인 정보, 즉 저자, 저작연대, 문체 및 언어, 내용, 룻기 해석의 경향, 신학적 주제 등에 관하여 다루고 있다.

제2부 주석적 이해는 룻기의 장, 절별로 그 내용을 설명하였다. 먼저 언어적인 측면에서 본문의 의미를 파악한 후 신학적 해석을 가미하였다. 언어적 이해를 위하여 히브리어 본문과 이에 대한 음역(읽기) 그리고 한글개역개정판 번역을 함께 기록하여 원문과 번역을 대조할 수 있도록 하였다. 또한 이해를 돕기 위하여 본문과 관련된 다른 성경구절에 대한 예를 함께 설명하였을 뿐만 아니라 본문 이해를 도울 수 있는 고고학적 자료와 사진 등을 첨가하였다.

결론부분에서는 21세기 국제화 시대속에서 룻기가 주는 신학적 의의를 기술하였다.

본 주석서는 본문의 번역을 위하여 여러 한글성경번역을 참고하였음을 밝힌다. 히브리어 본문은 *Biblia Hebraica Stuttgartensia*를 기초로 하였으며, 여기에 *Biblia Hebraica Quinta*를 참고하였다. 또한 주석을 위해서는 Y. Zakovitz, "Ruth," *The Book of Scrolls: Song of Songs, Ruth, and Lamentation*, J. Klein, M. Paqes and Y. Zakovitz eds., (Jerusalem: Rabibim, 1987), pp. 71-106 (Hebrew); J. M. Sasson, *Ruth: A New Translation with a Philological Commentary and a Formalist-Folklorist Interpretation*; 2nd Edition, (Sheffield: Sheffield Academic Press, 1995); R.L. Hubbard Jr., *The Book of Ruth*, (Grand Rapids: Eerdmans, 1988); A. LaCocque, *Ruth*, (Minneapolis: Fortress Press, 2004) 등을 참고하였음을 밝힌다.

「더불어 사는 삶의 이야기 룻기」 출판을 위하여 도와준 윤상문 목사에게 고마움을 전한다. 특히 필자에게 목회자를 위한 주석서의 출판의 필요성을 피력하고 또 본인에게 원고를 마치도록 채근해줌에 고마움을 전한다. 본 주석의 색인을 만들어준 신우철, 권준모, 조학기, 김준현에게 지면으로 고마움을 전한다. 졸고를 기꺼이 출간해 주신 하늘기획 사장님께 감사의 말을 전한다.

2009년 5월

김영진

차례

제3부   결 론

약어표

ABD	*Anchor Bible Dictionary*, 6 Vols, New York, 1992
ANET	J. B. Pritchard (ed.), *Ancient Near Eastern Texts Relating to the Old Testament*, 3rd Edition, Princeton, 1969
BA	*Biblical Archaeologist*, Philadelphia
BAR	*Biblical Archaeology Review*. Washington, DC
BASOR	*Bulletin of the American Schools of Oriental Research*, Philadelphia
BZ	*Biblische Zeitschrift*, Paderborn
CAD	*The Assyrian Dictionary of the Oriental Institute of the University of Chicago*, Chicago: The Oriental Institute
CBQ	*Catholic Biblical Quarterly*, Washington, DC
CS	W. W. Hallo and K. L. Younger, Jr., *The Context of Scripture Volume I: Canonical Compositions from the Biblical World; Volume II: Monumental Inscriptions from the Biblical World; Volume III: Archival Documents from the Biblical World*, Leiden: E · J Brill, 1995, 2000, 2002

약어표

DCH	D. J. A. Clines (ed.), *The Dictionary of Classical Hebrew*, Sheffield: Sheffield Academic Press, 1993-
EI	*Eretz Israel*, Jerusalem
Enc.Miqr	(אנציקלופידיה מקראית *Encyclopaedia Biblica*), Jerusalem, 1950-1988 (Hebrew)
HALOT	L. Koehler and W. Baumgartner, *The Hebrew and Aramaic Lexicon of the Old Testament*, 5 Vols., Leiden, 1994-2000
HSS	*Harvard Semitic Studies*, Atlanta, GA
IEJ	*Israel Exploration Journal*, Jerusalem
IOS	*Israel Oriental Studies*, Tel-Aviv
JAOS	*Journal of the American Oriental Society*, New Haven, CT
JBL	*Journal of Biblical Literature*, Atlanta, GA
JCS	*Journal of Cuneiform Studies*, New Haven
JNES	*Journal of Near Eastern Studies*, Chicago
JPOS	*Journal of the Palestine Oriental Society*, Jerusalem
JSOT	*Journal for the Study of the Old Testament*, Sheffield
Jud	*Judaism: A Quarterly Journal of Jewish Life and Thought*,

	New York
Judaica	*Encyclopedia Judaica*, 17 Vols, Jerusalem, 1971
KAI	H. Donner and W. Röllig, *Kanaanäische und aramäische Inscriften*, 3 Vols, Wiesbaden, 1962
LXX	Septuagint
NAB	*The New American Bible*, New York, 1970
NICO	The New International Commentary on the Old Testament
NJB	*The New Jerusalem Bible*, New York, 1985
NKJV	*The Holy Bible, New King James Version*, New York, 1982
NRSV	*The Holy Bible, New Revised Standard Version*, Oxford, 1989
OTL	Old Testament Library
PEQ	*Palestine Exploration Quarterly*, London
PRU	*Le Palais royal d' Ugarit*, Paris
RB	*Revue Biblique*, Paris
REB	*The Revised English Bible*, Oxford, 1989
RGG	K. Galling ed., *Die Religion in Geschichte und Gegenwart*.

3rd. ed. 6 Vols., Tübingen: Mohr/Siebeck, 1957-1965

SJB   *Tanakh - The Holy Scriptures*, The Standard Jewish Bible for the English speaking world, Philadelphia, 1988

SJT   *Scottish Journal of Theology*, Cambridge

TDOT   G.J. Botterweck, H. Ringgren and H.-J. Fabry eds., *Theological Dictionary of Old Testament*. 15 Vols., Grand Rapids: Eerdmans, 1974-2006

UT   C. H. Gordon, *Ugarit Text*, Rome, 1965

VT   *Vetus Testamentum*, Leiden

WBC   Word Biblical Commentary

ZAW   *Zeitschrift für die alttestamentliche Wissenschaft*, Berlin

제1부
개론적 이해

롯기는 구약성경의 여러 책 가운데서 매우 특이한 책이다. 전통적인 고대 이스라엘 사람들의 생각과는 다른 생각이 많이 기록되어 있다. 이방인을 이스라엘 사람들이 받아들이고, 이방인과 결혼하여 다문화 가정을 형성하고, 여인들의 지위가 다른 어떤 구약성경의 책보다 달리 기록되어 있다. 이런 롯기는 어떤 책인가?

룻기는 어떤 책인가?

룻기는 유대인들의 전통적인 절기인 칠칠절에 낭독하는 책으로, 성문서 가운데 다섯 두루마리에 속한다. 룻기라는 책 이름은 여주인공 룻의 이름을 따라서 붙여진 것이지만, 실제 주인공은 룻, 나오미 그리고 보아스 등 세 사람이다. 룻기의 히브리어 명칭은 세페르 룻 (ספר רות '룻의 책')이며, 룻기 전체는 4장 75절로 구성되어 있다.

오늘날 한글성경에서 룻기는 사사기 뒤에 위치하고 있지만, 구약성경 정경을 24권으로 여기는 탈무드 전통(T. B. B. Bat 14b)에 의하면 룻기는 성문서에 속한다.[1] 그러나 정경에 22권이 포함된다고 생각할 때 룻기는 사사기에 첨가되며, 예레미야애가는 예레미야서에 포함된다. 한글 성경에서 룻기를 사사기와 사무엘서 사이에 놓은 것은 룻기 1:1의 "사사들이 치리하던 때"라는 표현 때문에 사사기 뒤에 놓은 것이다.

---

[1] R. L. Hubbard Jr., *The Book of Ruth*, NICOT, (Grand Rapids: Eerdmans, 1988), p. 7; 김영진, 「구약성서의 세계」(서울: 하늘기획, 2009), pp. 1094-1105.

오늘날 다섯 두루마리의 순서에 의하면 룻기는 아가서 다음 두 번째에 놓여 있다. 왜냐하면 아가서는 유월절에 읽히며, 룻기는 칠칠절에 읽히기 때문이다. 그러나 탈무드 전통에서는 룻기가 시편 앞에 위치하여 다섯 두루마리 가운데 맨 처음에 위치한다.[2] 이러한 배열은 룻기 내용이 사사시대를 배경으로 기록되었기 때문이다.

룻기는 언제 기록되었는가?

룻기가 언제 기록되었는가? 이것은 구약성경의 다른 모든 책들과 마찬가지로 대답하기 매우 어렵다. 특히 룻기는 시대적 배경이 사사 시대로 기록되어 있지만 사상적·신학적 배경은 바벨론 포로기 이후의 시대정신을 나타내고 있기 때문에 룻기의 기록 연대를 초기 시대로 추정하기는 어렵다.

룻기의 연대에 대한 학자들의 견해는 크게 두 부류로 나뉜다. 첫째 부류는 포로기 이전 시대에 기록된 것으로 이해한다. 이들은 룻기

---

2) 그러나 다섯 두루마리를 시대 순서로 배열할 경우에 룻기는 사사시대에 속하기 때문에 가장 먼저 배치해야 한다. 이 경우 다섯 두루마리는 룻기(사사시대), 아가(솔로몬 청년시대), 전도서(솔로몬 시대), 예레미야애가(예레미야), 그리고 에스더(페르시아 시대)이다. 절기 순으로 배열하면 다섯 두루마리는 아가서(유월절), 룻기(칠칠절), 예레미야애가(티샤베 아브), 전도서(초막절) 그리고 에스더(부림절) 순이다. J.M. Sasson, *Ruth: A New Translation with a Philological Commentary and a Formalist-Folklorist Interpretation*, 2nd (Sheffield: Sheffield Academic Press, 1989), p. 12.

4:17, 22에서 다윗을 언급하고 있기 때문에 다윗이 왕이 된 직후인 주전 1000년경에 기록된 것으로 본다.[3] 룻기에 기록된 족보가 다윗 왕으로 끝나기 때문에 룻기가 왕국시대 이전에 기록되었다는 것이다. 룻기 1:1, "사사들이 치리하던 때"라는 기록을 통하여 사사시대에 기록된 것이라고 주장한다. 또한 룻기 4:7의 "옛적 이스라엘 중에는 모든 것을 무르거나 교환하는 일을 확정하기 위하여 사람이 그의 신을 벗어 그의 이웃에게 주더니"라는 기록을 통하여 룻기의 저자는 예레미야 32:11 이하의 기록을 들어 거래를 기록하기 시작한 시대에 살았던 사람이라고 한다. 일반적으로 왕정이 형성됨에 따라 사법제도가 확립되었다. 따라서 룻기의 사건과 룻기를 기록한 시대 사이에는 차이가 있음을 알 수 있다.

두 번째 견해는 룻기가 정경으로 받아들여진 주전 164년 이전에 기록되었다는 주장이다. 즉 포로기 이후 시대에 룻기가 기록되었다는 주장이다. 오늘날 대다수의 학자들은 룻기가 포로기 이후에 기록되었다는 주장을 채택한다.[4] 특히 주전 5-4세기 연대를 많이 주장한다. 이러한 견해의 가장 중요한 근거는 룻기의 언어가 이 시대적 특징을 나타낼 뿐만 아니라 아람어화 된 표현이 등장하기 때문이다.[5] 뿐만 아니라 룻기에 기록된 법률적인 관습이 포로기 이후 시대의 관

---

3) 이에 대한 자세한 논의는 R.L. Hubbard Jr., *The Book of Ruth*, pp. 30-34를 참고하시오.
4) R.L. Hubbard Jr., *The Book of Ruth*, p. 24, note 8.

습이라는 점이다. 룻기 4:7의 관습은 신명기 25:9의 관습보다 이후의 상황을 묘사하고 있다. 6) 또한 룻기의 문학적인 성향이 포로기 이후 시대의 상황을 반영한다. 특히 룻기의 목가적 분위기는 상대적으로 조용한 시대를 나타낸다. 7) 그리하여 룻기와 후기 성경문학과 비교하여 룻기가 포로기 이후 시대에 기록되었음을 주장한다.

룻기의 신학적·주제적인 측면에서도 룻기가 후대의 작품임을 알 수 있다. 예를 들어 이방인이 이스라엘 총회에 들어올 수 있다거나 이스라엘 사람들이 이방 여인과 자유롭게 결혼할 수 있었던 상황은 적어도 유다 왕국 멸망 이후 바벨론 포로 이후에나 가능한 일이었다. 더 나아가 약속의 땅을 떠난 자에 대한 고난과 귀환자에 대한 축복의 개념이 나오미의 이름의 변화를 통하여 설명된다는 것(나오미-마라-나오미)은 룻기가 적어도 귀환자들을 위한 신학적 사고가 무르익은 시대의 산물이라고 설명할 수 있다.

더욱이 룻기에서 이스라엘 사람과 율법에 금지된(신 23:3-6) 모압사람 사이의 결혼이 가능하려면 매우 후기 시대로 추정될 수 있기 때문이다.

---

5) 아람어화 된 단어의 예는 1:13의 히브리어 라헨(לְהֵן, '따라서'), 시베르(שָׂבַר, '기다리다') 등이다. 자세한 예는 R.L. Hubbard Jr., *The Book of Ruth*, pp. 24-25. note 9를 참고하시오.

6) R.L. Hubbard Jr., *The Book of Ruth*, p. 25.

7) R. Gordis, "Love, Marriage, and Business in the Book of Ruth," *A Light Unto My Path: Old Testament Studies in Honor of Jacob Myers*, Eds. H. Bream, R. Heim and C. Moore, Philadelphia, 1974, pp. 241-264, esp. 245-246. 특히 고디스는 룻기의 모압에 대한 비적대적 입장이 룻기서의 포로기 이전 연대를 지지하지 못하게 한다고 주장한다.

룻기의 문학적 특징

룻기의 문학적 장르는 무엇인가? 학자들은 일반적으로 룻기를 짧은 역사소설로 이해하여 소설(novelle)이라고 부른다. **8)** 이러한 주장은 룻기에서 사무엘서의 표현과 유사한 것들이 발견되기 때문이다. 룻기의 기록 방식은 족장의 이야기나 초기 왕정시대를 기록한 것과 같은 방식으로 기록되어 있다. 나오미와 룻의 관계는 다윗과 요나단의 관계를 연상케 한다. 요나단이 다윗에게 사랑과 충성을 약속하는 것같이 룻이 나오미에게 충성을 표시한다. 룻기 1:17에서 "여호와께서 내게 벌을 내리시고 더 내리시기를 원하나이다"라는 저주의 말로 충성을 표현하였다. 이러한 저주의 표현은 사무엘서와 열왕기서 가운데 북이스라엘 설화 속에서도 발견된다. 사무엘하 1:23에 "죽을 때에도 서로 떠나지 아니하였도다"라는 표현이 사울과 요나단의 죽음에 대한 애가에서 발견된다.

룻기는 족장 이야기와 사무엘서의 정중한 표현법이 사용되었다. 보아스와 룻의 만남은 룻이 엎드려(2:10) 보아스에 대한 감사와 칭송의 말을 하는 것(2:11-12)으로 끝난다. 이 모습은 다윗과 아비가일의 만남을 기록하고 있는 사무엘하 25:23 이하와 비슷하다. 아비가일은

---

8) E. F. Campbell, Jr., *Ruth*, AB, (New York: Doubleday & Company, INC, 1975), pp. 3-4. 캠벨은 룻기를 '짧은 이야기'(short story)라고 부른다.

룻처럼 자신의 얼굴을 땅에 대었다. 다윗은 아비가일을 칭찬하였고 보아스도 같은 반응을 보였다.

룻과 보아스의 두 번째 만남에서 보아스는 "여호와께서 네게 복주시기를 원하노라"고 말한다. 이것은 사무엘상 25:32-33의 다윗과 아비가일의 만남에서도 마찬가지이다. 또한 창세기 24:31이나 14:19 그리고 사무엘상 15:23, 사무엘하 2:5 등에서도 발견되는 기록 방식이다.

룻기에 표현된 감사는 매우 교훈적이다. 보아스의 찬양에서 룻은 "내 주여 내가 당신께 은혜입기를 원하나이다. 나는 당신의 하녀 중의 하나와도 같지 못하오나 당신이 이 하녀를 위로하시고 마음을 기쁘게 하는 말씀을 하셨나이다"라고 말한다. '내가 당신께 은혜입기를 원하나이다'(룻 2:13, אמצא־חן בעיניך)라는 표현은 창세기(33:9, 47:25)와 사무엘서에서 자주 발견된다(삼상 1:18; 삼하 16:4).

그 외에도 많은 룻기의 어구들이 초기 이스라엘 문학에서 발견된다. 그런데 대부분의 어구들이 엘리사 이야기 이전에 발견되기 때문에 일부 학자들은 룻기가 북이스라엘에서 지어졌을 것이라고 이해한다. 이러한 주장은 룻기에 나타나는 아람의 영향과 후기 언어의 특징이 발견된다고 주장하는 것과 비교된다.

일반적으로 학자들은 룻기가 북쪽 히브리어 방언으로 기록되었다고 주장한다. 궁켈(R.H. Gunkel)뿐만 아니라 많은 학자들은 룻기가 초기의 전승을 바탕으로 오늘날과 같은 룻기로 형성되었을 것이라고 주장한다. 궁켈에 의하면 초기 전승의 핵심적인 주제는 자녀가 없는 충성스러운 과부가 죽은 남편의 상속자를 얻는다는 이야기인데 이러한 예가 이집트의 우화에서 쉽게 발견된다는 것이다. 따라서 그는 저자가 이러한 이야기를 이스라엘의 상황에 맞게 고친 것이라고 설명한다.9) 그는 룻기에 이야기가 첨가되어 오늘날 소설과 같은 형태가 되었다고 주장한다. 궁켈의 상상력을 바탕으로 한 이러한 주장은 받아들여지지 않았다. 오히려 또 다른 주장들이 많이 생겨났다. 마이어스(J. Myers)는 룻기가 원래 운문으로 기록되어 있던 동화가 변화된 것이라고 주장한다.10) 마이어스의 견해를 받아들여 글란즈만(G. Glanzman)은 룻기가 형성되는 세 단계를 설명했다. 첫 단계는 운문의 형태로 입에서 입으로 전달되었던 단계이다. 이 시기는 이스라엘이 가나안에 정착한 후로 여겨진다. 둘째 단계는 주전 9-8세기경에 산문 형태의 이야기로 기록되었던 단계이다. 이 단계에서 거의 오늘날의 형태로 확장 발전되었던 것으로 본다. 셋째 단계는 포로 이후 시대에 족보(4:7) 부분이 첨가되었다고 본다.11)

브레너(A. Brenner)는 구전으로 각기 존재하던 나오미에 관한 이야기와 룻에 관한 이야기가 서로 결합되어 룻기를 이루었다고 본다. 그녀

---

9) R. H. Gunkel, "Ruthbuch," *RGG* V, p. 2182.
10) J. Myers, *Literary Form* 재인용 R.L. Hubbard Jr., *The Book of Ruth*, p. 9.
11) G. Glanzman, "The Origin and Date of the Book of Ruth," *CBQ* 21 (1959), pp. 201-207.

에 의하면 이 두 이야기는 모두 유다 베들레헴 지역의 베레스(Perez) 가문에서 생겨난 것으로 이해한다. **12)**

그러나 캠벨(E. Campbell)은 룻기가 처음부터 현재의 형태로 형성된 것이라고 주장한다. **13)**

룻기의 내용

사사시대에 유다 베들레헴의 엘리멜렉은 기근으로 인하여 부인 나오미와 두 아들 말론과 기룐과 함께 모압으로 이주하였다. 엘리멜렉이 죽은 후 그의 두 아들은 모압여인 오르바와 룻과 결혼하였다. 그러나 두 아들마저 죽자 나오미는 베들레헴으로 귀향하기로 결정하였다. 두 며느리가 나오미와 함께 돌아가기를 결정하자 나오미는 이들이 고향에 남을 것을 간청하였고, 오르바는 시어머니에 순종하여 모압의 집으로 돌아 갔으나, 룻은 시어머니와 함께 베들레헴으로 갔다. 베들레헴에 도착하였을 때는 보리를 추수하는 시기였다. 룻은 가난한 자에게 베푸는 이삭을 주울 수 있는 보살핌을 받게 된다. 룻은 부자 농부였던 보아스의 밭에서 이삭을 주울 수 있었다. 베들레헴

12) A. Brenner, "Naomi and Ruth," *VT* 23 (1983), pp. 385-397.
13) E. F. Campbell, "The Hebrew Short Story: Its Form, Style, and Provenance," in *A Light Unto My Path: Old Testament Studies in Honor of Jacob Myers*, pp. 18-23.

의 유력 인사이며 엘리멜렉의 친족인 보아스는 룻이 시어머니를 선대하기 때문에 특별히 친절을 베풀자 나오미는 그것을 눈여겨 보았다. 나오미는 룻을 위한 수혼(Levirate marriage)을 기대하였다. 룻을 위한 수혼은 나오미가 팔았던 죽은 남편의 땅을 다시 되찾는 것을 의미한다. 보아스는 룻과의 결혼에 동의했고 그 땅을 돌려주는 것을 허락했다. 보아스는 죽은 자의 이름으로 기업을 세우는 것을 완수하였다(4:5). 이 결혼을 통하여 보아스는 다윗 왕의 조상이 되었다.

룻기는 룻과 나오미가 직면한 식량의 문제와 결혼 그리고 양육자의 문제를 해결해 나가면서 이야기를 전개하고 있다. 룻기는 룻과 나오미의 식량 문제를 보리수확을 통하여 해결하며, 과부인 룻과 나오미의 사회적 신분의 문제는 보아스와 룻의 결혼으로 인한 출산을 통하여 해결하고 있다. 즉 룻기는 가나안의 전형적인 생산의 주제를 통하여 룻과 나오미의 문제를 해결해 나가고 있다.

룻기의 구조는 다음과 같다.

1:1-5	나오미가 가족을 잃다
1:6-19a	룻이 나오미아 함께 머물기로 결심하다
1:19b-22	나오미와 룻이 베들레헴에 도착하고, 빈궁한 삶을 살다
2:1-23	룻과 보아스가 만나다
3:1-18	룻이 보아스에게 청혼하다

4:1-12   보아스가 나오미의 기업을 무르고, 룻과 결혼하다

4:13-22   나오미의 가계가 회복되다

룻기의 사회적 배경

룻기를 바르게 이해하기 위해서는 고대 이스라엘의 농사에 대한 이해가 필요하다. 룻기는 보리와 밀 수확기를 배경으로 이야기가 전개되기 때문이다.

고대 이스라엘의 농사

고대 이스라엘은 지중해성 기후와 토양조건에 맞는 밀, 보리를 재배하였고, 이 외에도 올리브, 종려나무(대추야자), 무화과, 포도, 석류(신 8:8)등을 재배하였다. 룻기의 배경이 되는 베들레헴은 밀, 보리, 올리브, 무화과 등이 재배되었다. [14]

고대 이스라엘 사람들은 열악한 조건을 개간하여 농사를 지어야 했기 때문에 농사 방법에 대한 나름대로의 탁월한 능력을 가지고 있었다.

[14] 올리브 나무는 토양적 환경이나 물을 많이 필요로 하지 않기 때문에 베들레헴에 잘 어울리는 농작물이다.

갈아 일구기(Plowing)

농사에서 가장 중요한 일은 땅을 갈아 일구는 일이다. 농사를 위해 땅을 갈아 일구기 위해서는 약 27㎝ 정도의 땅을 파야 한다. 이러한 일을 하루종일하게 되면 하루에 약 1,170㎡의 밭을 일굴 수 있다. 이사야서에는 씨를 뿌리기 전에 두 번 밭을 갈아 일구어야 한다고 기록하고 있다. 첫 번째는 땅에 빗물이 잘 스며들도록 땅을 드러내는 일이며, 두 번째는 밭을 평평하게 하는 일이다(사 28:24). 또한 시편 45:11에서는 비가 잘 스며들 수 있도록 기도하였다.

이스라엘 사람들은 땅의 비옥함을 유지하기 위하여 농사짓는 땅과 휴한지(休閑地)를 번갈아 가면서 경작했다. 그러나 이것은 농부들에게 매우 힘든 일이었다. 왜냐하면 7년 동안 한 밭에서 세 번밖에는 농사를 지을 수 없기 때문이다. 매년 농사를 지으면 인공적으로 비료를 주지 않고는 좋은 결실을 얻기 어렵다.

쟁기의 한쪽 끝은 소를 모는데 용이하게 되어 있으며, 일직선이 되도록 하였다. 그러나 다른 끝은 삽 모양을 하고 있다. 사무엘상 13:21의 쇠스랑은 곧 쟁기를 의미하는 것이다. 소에게 멍에로 이 쟁기를 매기도 한다. 멍에는 대체로 나무로 만들지만 매우 드물게 쇠로 만들기도 한다. 신명기 28:48에서 언급하는 철 멍에가 바로 이것이다.

비옥함(Fertilization)

토지의 비옥함은 생산량에 직접적으로 영향을 준다. 구약성경에서 고대 이스라엘 사람들이 어떻게 밭을 비옥하게 하였는지 기록하지 않지만 은유로 비옥함에 대하여 언급한 곳이 있다. 거름이 쌓여 있는 밭과 시체가 쌓여 있는 밭을 비교함으로써(왕하 9:37) 비옥한 토양에는 거름이 많이 쌓여 있음을 암시하고 있다. 고대 이스라엘 사람들은 땅을 기름지게 하는 방법으로 재를 뿌리는 관습이 있다(겔 28:18).**15)**

씨 뿌리고 키우기(Sowing and Planting)

이스라엘에서 전통적으로 많은 양의 씨를 뿌리는 것은 겨울 곡식이다. 이 겨울 곡식은 이른 비가 내리기 전에 심겨진다. 이스라엘 농부들은 겨울 곡식을 뿌릴 때 여러 번 나누어서 씨를 뿌렸다. 이러한 사실에 대해서 전도서는 다음과 같이 기록하고 있다.

> **전도서 11장 6절**
> 너는 아침에 씨를 뿌리고 저녁에도 손을 놓지 말라 이것이 잘 되는지 저것이 잘 되는지 혹 둘이 다 잘될는지 알지 못함이니라

그러나 전통적으로 겨울 곡식은 주로 티슈리 달(9-10월)부터 테베트

---

15) 미쉬나에 의하면, 땅을 기름지게 하기 위해서 무엇보다도 유기물을 많이 포함한 쓰레기를 이용하였다고 한다(Shev. 2:14, BK 3:3). 따라서 피, 재, 고운 모래 등이 자주 사용되었다.

달(11-12월) 사이에 씨가 뿌려졌다. 1000㎡의 면적에 약 4-8kg의 씨가 뿌려졌다. 그러나 이러한 양은 오늘날 이스라엘 농부들이 뿌리는 양의 반 정도에 지나지 않는다. 생산량은 주로 뿌린 양의 약 3-4배에 이른다. 그러나 미쉬나의 기록에 의하면 주로 30-40배의 열매를 맺었으며, 경우에 따라 100배의 열매를 맺는 경우도 있었다. 이러한 높은 수확률은 경작에 대한 지속적인 방법의 개발에 의해서 가능한 것이었다.

호미질 하고 잡초 뽑기(Hoeing and Weeding)

농사를 짓는 데 있어서 땅을 개간하고, 심고, 호미질 하는 것은 필수적인 행동인데 특히 호미질을 하는 것은 독초를 제거하는 데 있어 중요했다. 호미질을 하는데 사용하는 도구를 마아데르(*ma'der*)라고 부르는데 오늘날의 기구와 달리 두 날을 줄로 묶은 형태이며, 이 도구는 이집트 테베(Thebes)에서 발견된 주전 15세기의 레흐미레(Rekhmire) 무덤에 그려진 벽화에 잘 나타나 있다.

이사야 7:25에 의하면, 이 보습은 개간할 수 없었던 산악 지대를 파는데 사용되었다. 묘목을 땅에 심기 위하여 땅을 깊이 파는데 사용하는 것을 이주크(izzuk)라고 불렀다.

추수(Harvest)

고대 이스라엘에서 여름 식물은 특별히 중요하게 생각하지 않았다. 그러나 겨울 식물은 대단히 중요하게 여겼다. 카찌르(*kazir*)라는 용어는 겨울 식물의 추수에만 해당하는데, 겨울 식물의 추수는 대체로 두 단계로 나뉜다. 첫째는 일찍 익는 것으로 보리가 대표적이며, 둘째는 늦게 익는 식물로 밀이 대표적이다(출 9:31-32).

출애굽기 9장 31-32절

때에 보리는 이삭이 나왔고 삼은 꽃이 피었으므로 삼과 보리가 상하였으나 그러나 밀과 나맥은 자라지 아니한고로 상하지 아니하였더라.

보리가 겨울 곡식 가운데 가장 먼저 익는다는 것은 게젤 달력에서

낫으로 추수하는 광경을 묘사하고 있는 고대 이집트의 그림

도 나타나며, 유월절에 첫 보리 수확을 하나님께 드리는 것을 통해서도 잘 알 수 있다(레 23:10; 삼하 21:9).

보리를 수확하여 하나님께 드리기 전까지는 햇곡식을 절대 먹지 않았다(레 23:14). 보리를 수확한지 7주 즉 49일이 지난 후 밀의 수확이 시작되며 이것을 하나님께 드렸다(레 23:17).

팔레스틴 지역에서는 곡식을 수확할 때 기온이 덥고 건조하다. 따라서 곡식을 수확할 때 일사병으로 쓰러지는 경우도 있었다(왕하 4:18-20; 유딧 8:2-3). 따라서 곡식을 수확하는 자는 아침 일찍 일어나 곡식을 수확하였다(잠 10:6). 일을 급히 진행해야 하기 때문에 가족은 물론 다른 사람을 고용하기도 했다. 특히 곡식을 수확할 때 일의 역할 분담에 관해서는 룻기에 잘 나와 있다. 감독관이 일꾼들의 일을 감독하였으며, 소녀들은 이삭을 줍고 단을 묶는 일을 하였다. 그리고 주인은 일꾼들에게 음식을 제공하였다. 일하는 것은 몹시 고됐지만 즐겁게 큰 소리를 지르며 흥겨운 분위기에서 일을 하였다(시 126:5-6; 사 9:2). 그러나 그 땅이 가뭄이 들었거나(신 11:17), 적이 약탈을 하였을 때(사 16:7)에는 분위기가 매우 침통하였다.

곡식을 추수하는 도구는 헤르모쉬(Ḥermosh)라고 불리는 낫(신 16:9)과 마갈(maggal)이라 불리는 낫(렘 2:16)이 주로 사용되었다. 그러나 이 둘은 같은 도구에 대한 다른 이름으로 여겨진다.16) 이스라엘 지역에 대한 고고학적 발굴 결과 돌이나 뼈 혹은 청동이나 철로 만든 낫이 발

이집트 그림으로 추수한 곡식을 옮기는 장면을 묘사하고 있다.

견되었다. 요엘 3:13(사 17:5; 시 129:7)에 의하면 낫을 사용하여 곡식을 벤 기록이 등장한다. 곡식을 벨 때 왼손으로 곡식의 밑둥이를 잡고 오른손으로 낫을 잡았다.

타작은 대체로 도시나 마을에서 행해졌고(왕상 22:10), 반대로 높은 곳이나 바람이 강한 곳은 피했다. 타작마당은 대체로 넓은 공공장소가 사용되었다. 땅을 밟아 평평하게 한 후 곡식을 둥글게 펴고, 타작을 하면서 알갱이와 껍질을 분리하였다. 이사야 41:15에는 타작기계가 등장한다. 때에 따라서는 소를 이용하여 타작을 하기도 했다(신 25:4).

16) J. Faliks, "Agricultural Methods and Implements in Ancient Erez Israel," *Encyclopedia Judaica* 2 (1972), cols. pp. 374-381, esp. p. 377.

이집트 그림으로 곡식을 바람에 까부르는 광경

까부름(Winnowing)

타작을 통하여 곡식의 낟알과 짚과 겨를 구별한다. 까부름은 바람
을 이용하여 무거운 낟알은 남겨두고 가벼운 찌꺼기를 날려버리는

것이다. 이사야 30:24에서는 까부르기 위하여 육지창(mizreh)과 같은 기구를 사용하였다. 아모스 9:9에 의하면 체질을 통하여 곡식을 까불렀음을 보여준다. 남겨진 곡식 낟알은 부대에 담았으며, 이 부대의 크기를 통하여 수확을 측정하였다(학 2:16). 룻기에는 이렇게 까부르고 남은 낟알 더미를 타작마당에 쌓아두었다(3장).

까부름을 통하여 남은 짚은 짐승의 먹이나 퇴비 혹은 회반죽의 재료로 사용되었다. 겨는 불을 태우는 것 외에는 다른 용도로 거의 사용되지 않았다.

곡식을 까부르는
팔레스틴 농부의 모습

관개(Irrigation)

이스라엘 땅의 특혜는 관개시설 없이 농사를 지을 수 있다는 것이다(신 11:10-11, 8:7). 그러나 가뭄을 대비하여 물을 공급할 시설이 필요하였다. 고대 이스라엘에서는 대체로 물 저장고(cistern)을 이용하여 농사에 필요한 물을 공급하였다. 이사야 27:3에서는 물 저장고로부터 포도밭에 물을 공급하였음을 기록하고 있다. 이러한 물 저장고는 유대 산악 지역에서 흔하게 발견된다.

물을 대는 방법은 매우 다양하였다. 수로를 만들어 물을 대기도 하지만 경우에 따라서는 사람이 직접 물을 공급하는 경우도 있었다 (신 11:10).

밀농사

이스라엘에는 다양한 종류의 밀이 재배되었으나 일반적으로 두 종류로 나누어 설명할 수 있다. 히브리어 히타(חיטא)는 경질밀(硬質, 밀, Triticum durum)과 빵을 만드는 밀(Triticum vulgare) 모두를 지칭하는 단어로 사용된다. 밀은 고대 이스라엘에서는 없어서는 안 될 중요한 곡식 가운데 하나였다. 따라서 밀은 신명기 8:8의 축복받은 가나안 땅의 농산물 가운데 등장한다. 밀을 경작하기 위해서는 잘 경작된 양질의 토양이 필요하였다. 따라서 시편 81:16(히브리어 17절)에서 밀은 평화와 축복의 상징으로 사용되었다.

이스라엘 밀

보리와 마찬가지로 밀은 겨울이 시작되면서 씨앗을 뿌리기 시작한다. 그렇지만 밀은 보리보다 성장 속도가 더디기 때문에 보리를 추수한 두 달 정도 후에 밀을 수확하였다. 이러한 상황은 출애굽기 9:31-32에 잘 묘사되어 있다. 출애굽기 34:22에 의하면 유월절 후 7주가 지난 후에 첫 밀 수확을 하나님께 드렸다고 기록한다.

밀과 보리를 비교할 때 밀의 가치는 보리의 가치보다 더 귀하게 여겨졌다. 따라서 요세푸스는 밀을 부자의 양식이라고 기록하고 있다. 그러나 미쉬나 탈무드 시대에 이스라엘의 농업 기술이 발달하면서 밀은 보통사람들의 식량이 되었다.

밀을 뜻하는 히브리어 히타와 함께 등장하는 단어는 쿠세메트(כֻּסֶּמֶת)이며 우리말로 밀(emmer wheat; Triticum dicoccum)로 번역되어 있다(출 9:32). 쿠세메트는 이스라엘에서 매우 오래전부터 재배되었으며, 식물학자들은 이 쌀보리를 모든 밀의 조상으로 생각하고 있다.

구약성경에 쿠세메트 밀에 관한 언급을 찾아볼 수 있다. 이사야 28:25에 의하면 농부들이 뿌리는 곡식 가운데 이 밀이 포함되어 있으며, 에스겔이 390일 동안 먹었던 빵은 밀과 다른 곡식을 혼합하여 만든 것이었다(겔 4:9).

쿠세메트의 맛은 밀의 맛과 거의 흡사하였으며, 성장은 일반 밀과 같은 속도로 성장하였다.

보리

보리는 신명기 8:8에 의하면 고대 이스라엘에서 재배되는 주요한 여덟 가지 농작물 가운데 하나이다. 보리는 강수량이 적거나 척박한 땅에서도 잘 자라는 농산물이다. 보리는 히브리어로 스오라(שערה)라고 부른다. 이 단어는 머리카락을 뜻하는 히브리어 세알에서 유래되었는데 보리 이삭을 상징적으로 묘사한 것이다. 구약성경 시대에 보리빵은 주된 식량 가운데 하나였다.

보리가 널리 재배되던 작물이라는 사실은 땅의 가치를 평가할 때 보리 생산을 기준으로 삼고 있기 때문이다. 레위기 27:16에 "만일 어떤 사람이 자기 기업된 밭 얼마를 성별하여 여호와께 드리려하면 마지기 수대로 네가 값을 정하되 보리 한 호멜 지기에는 은 오십 세겔로 계산할지며…"라고 기록되어 있다. 또한 사사기 7:13에서 보리는 미디안을 물리치는 이스라엘을 상징하는 것으로 묘사되어 있다. 솔로몬 시대에는 예루살렘 성전을 짓기 위하여 레바논에서 벌목하는 두로 왕 히람의 일꾼들을 위하여 보리를 식량으로 배급하였다(대하 2:9). 그러나 후기에는 주로 동물의 식량으로 보리를 사용하였고, 사람들은 밀을 먹었다. 이러한 사실을 말해주는 구약성경 구절은 열왕기상 4:28뿐이다. "준마에게 먹일 보리와 꼴을 그 말들이 있는 곳으로 가져왔더라." 보리는 제물로 드려지는 예가 드문데 단지 아내의

외도를 의심했다가 그것이 사실 무근으로 밝혀졌을 때 드리는 의심의 소제 때에 보리를 제물로 바치게 되어 있었다(민 5:11-15). 보리는 빵을 만들 뿐만 아니라 맥주를 만들기도 한다.

보리는 가나안 땅에서 가장 먼저 익는 농산물이다. 따라서 출애굽기 9:31에서는 출애굽 때가 바로 보리의 이삭이 나오는 시기임을 밝히고 있고, 레위기 23:9-15에서 첫 소실이 무엇인지를 정확히 언급하고 있지는 않지만 보리 추수임에 분명하다. 랍비 전통에서는 출애굽 때가 보리 추수기로 인식하고 있다. 룻기 1:22에도 나오미가 보리 추수를 시작할 때 베들레헴에 도착했다고 기록하고 있다.

고고학적인 발굴 결과 엔게디(En-gedi)나 유대 광야 지역에서 보리를 재배했음을 알 수 있는 흔적이 발견되었다.

올리브 재배

베들레헴 지역은 감람나무(올리브) 재배에 적합한 곳이다. 감람나무는 이스라엘에서 널리 재배되었으며, 감람나무는 여름에 꽃이 피기 시작하여 10월경 첫 비가 내릴 때쯤 수확한다. 감람나무 열매에는 기름이 많이 함유하고 있으며 나무에서 따지 않고 계속 놓아두면 검은 색으로 변하게 된다. 올리브 기름을 만드는 것은 포도주 생산과 함께 이스라엘에서 농산물을 가공 생산하는 것의 대표적인 것이다. 올리브기름을 생산하는 과정은 올리브를 돌 그릇 안에서 으깬 후 무거운 돌이 달린 나무 대로 으깬 올리브가 담긴 그릇을 누르면 기름이 통으로 흘러들어 간다. 고고학 발굴결과 이스라엘 지역에는 많은 올리브 기름 생산 공장이 발견되었으며, 특히 에글론, 텔 베이트 미르심(Tell Beit Mirsim), 벧세메스, 게셀 등지에서 많은 올리브 기름이 생산되었고, 심지어는 수출까지 되었다.

올리브 기름은 성전 제사(특히 소제 때 기름이 필요하다; 레 2장), 왕이나 제사장을 기름 부을 때(사 9:8-9, 왕하 9:3), 상처를 치료하는 의약품(눅 10:34)으로, 피부를 보호하기 위한 화장품으로(신 28:40), 식용으로(레 2장) 그리고 불을 밝히는 기름으로 사용되었다(삼상 3:3 참고).

룻기의 시공간적 배경

시간적 배경

시대적 배경

룻기 1:1의 "사사들의 치리하던 때"라는 구절을 근거해 볼 때, 룻기의 시대적 배경은 사사시대이다. 사사시대(주전 1200-1050년)는 이스라엘에서 왕국이 형성되기 직전시대로 고고학적으로 철기시대 제1기 A시대에 해당한다. [17] 이 시대의 가나안은 이집트 20왕조(주전 1194-

1070년)의 통치를 받고 있었다. 그래서 팔레스틴에는 여러 곳에서 가나안 도시 문화가 지속적으로 번영을 누리고 있었다. **18)**

이 시대의 정치적 변화의 가장 큰 사건은 람세스 3세(Ramses III) 즉위 제8년인 주전 1186년과 주전 1150년경 이집트의 가나안 통치가 끝난 시기 사이에 해양 민족 가운데 하나인 블레셋 사람들이 지중해 연안 블레셋 평야 지역을 중심으로 정착하였다는 것이다. 이들은 에개해 근처에서 이동한 사람들로 원래는 이집트에 거주하려 하였으나, 람세스 3세의 저항에 부딪혀 결국에 고유한 미케네 전통을 유지하면서 블레셋 평야 지역에 다섯 개의 도시 국가를 세웠다. 이 블레셋 도시 국가 가운데서 가사, 아스글론, 아스돗은 블레셋 평야에 세워졌고, 갓과 에그론은 낮은 구릉 지대인 쉐펠라 지역에 세워졌다. 가나안에 정착한 블레셋은 이 시대뿐만 아니라 초기 이스라엘 왕국 형성기에 이스라엘의 가장 막강한 적이었다. 블레셋 다섯 도시들은 세렌(סרן)으로 불리는 방백에 의하여 통치되었다. 그러나 이들이 정확히 어떤 사람들인지는 알 수 없다.

문화적인 측면에서 사사시대에는 블레셋 문화의 영향을 가장 많이 받았으며, 이 시기 가나안 지역에서는 많은 블레셋의 물질문명이 발견된다.

---

17) 사사시대에 관해서는 김영진, 『이스라엘의 구원자 야웨: 사사기 주석』(서울: 이레서원, 2007), pp. 27-34를 참고하시오.
18) 김영진, 『히스토리야: 역사서 연구』(서울: 한들출판사, 2005), pp. 120-140.

계절적 배경

룻기는 각 장마다 일어난 때가 약간씩 차이가 나며, 대략적으로 다음과 같이 생각할 수 있다. 룻기 1:6-22의 사건은 2-3일 사이에 일어난 일이다. 왜냐하면 룻기 1:7에서 모압평지를 떠나 베들레헴으로 돌아가는 길을 갔다고 기록하고 있고, 룻기 1:22에 베들레헴에 도착했다고 기록하고 있기 때문이다. 그런데 모압평지에서 쿰란(Qumran), 마르 사바(Mar Saba)를 거쳐 베들레헴까지의 거리는 약 43km정도 된다. 쿰란에서 마르사바까지의 경사로를 감안하더라도 2-3일이면 갈 수 있는 거리이다. 그런데 베들레헴에 도착했을 때가 보리를 추수하기 시작하던 때라고 기록(룻 1:22)하고 있기 때문에 대략 3월 말-4월 중순 사이이며, 보리 추수를 마치고 타작마당에서 까불 때가 대략적으로 초막절 직전으로 5월 중순-6월 초순 사이라 할 수 있다. 따라서 룻기 1:6-4:12까지의 이야기는 대략적으로 2개월 안에 발생한 사건을 기록하고 있다고 볼 수 있다.

하지만 4:13-17의 사건은 결혼하여 아이를 낳은 것을 기록하고 있기 때문에 대략적으로 그 다음해 5-6월경의 이야기가 된다고 할 수 있다.

종교적 배경

룻기가 읽히는 이스라엘의 종교 절기인 칠칠절은 일 년 중 봄 추수의 절정기로서 유월절을 전후한 보리 추수가 끝나고, 밀을 추수를 하여 감사제를 드리는 절기이다. 칠칠절에 관한 규정은 민수기 28:26-31에 기록되어 있다. 칠칠절은 출애굽기 23:16의 맥추절과 밀접한 관련이 있으며 유대인의 삼대 절기 가운데 하나이다. 그러나 구약성경에는 어느 달 몇칠이 칠칠절이라고 기록되어 있지 않다.

칠칠절 제사는 수송아지 두 마리와 수양 한 마리와 일 년 된 숫양 일곱 마리로 번제를 드리며 소제로는 고운 가루에 기름을 섞어서 쓰되 수송아지 한 마리마다 3/10이요 수양 한 마리마다 2/10를 드린다. 또 어린 양 일곱 마리에는 어린 양 한 마리마다 2/10를 드린다. 또한 속죄제로 수 염소 한 마리를 드린다.

유월절과 초막절이 출애굽이라는 역사적 사건을 기념하는 절기에 착안하여, 칠칠절은 전통적인 가나안의 봄 추수와 관련된 축제에 그 기원이 있다고 해석 할 수도 있으나, 랍비들의 해석에 의해 출애굽 50일 후 시내 산에서 모세가 여호와를 만나서 십계명을 전해 받은 "토라 전수의 절기"로 여겨지기도 한다. 따라서 이 날에 유대인들은 회당에서 봄 추수와 관련된 룻기를 낭독하며 십계명과 관련된 출애굽기 19, 20장을 읽기도 한다.

오늘날 이스라엘에서는 칠칠절은 "키부츠의 축제"로서 대대적인 행사를 벌이며 온갖 농산물과 과일, 꽃등으로 집을 치장한다.

칠칠절은 유월절 첫날부터 50번째 되는 날이어서 희랍어의 "50번째"라는 뜻의 Pentecost로 불렸으며, 사도행전을 근거로 기독교에서는 오순절로 지켜지는 절기이다. 기독교 전통에서의 칠칠절은 절기 상으로 오순절 성령강림주일로 지켜지게 되었다.

공간적 배경

사사기의 지리적 공간은 베들레헴과 모압 평지 두 곳이다.

베들레헴

베들레헴은 예루살렘 남쪽 9㎞, 해발 790m에 위치하고 있다. 베들

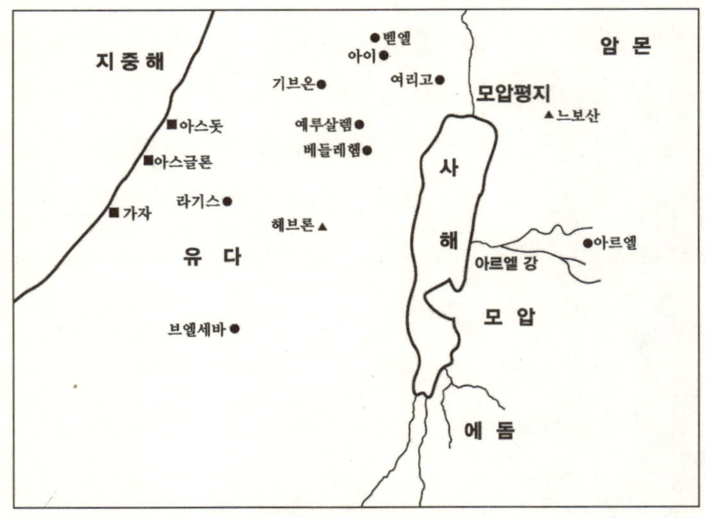

베들레헴과 모압 평지의 지도

레헴에는 홍적세 후기부터 사람이 거주하기 시작하였으며, 주전 3000년대 토기가 베들레헴에서 얼마 떨어지지 않은 벧-사후르(Beth-Sahur)에서 발견되었다.[19] 철기시대에는 정상 주변 지역에 거주지가 발견되었는데 베들레헴은 에브랏(Ephrathah)이라고 불렸다(삿 17:7-9, 19:1; 룻 1:1-2; 삼상 17:12).

베들레헴 전경

베들레헴은 르호보암에 의하여 축성된 도시로 기록되어 있으나(대하 11:6) 현재까지 고고학적으로 성벽이 발견되지는 않았다.

모압 평지

모압 평지는 지명이라기보다는 지역 이름으로 정확하게 어느 지역을 가리키는지는 알 수 없다. 그러나 대부분의 학자들은 사해 북서쪽 약 150㎢을 모압 평지라고 부른다. 모압 평지는 유다 지역에 기근이 들었을 때 사람들이 피난 갔던 지역이었음을 룻기를 통해서 알 수 있다.

모압 땅(ארץ מואב, 신 1:5)은 요단 동편 지역 가운데 해발 500~900m의

19) H. Cazelles, "Bethlehem," *ABD* I, pp. 712-715, esp. p. 712.

마다바 근처의 모압평지

고원 지대에 위치한다. 지형적인 측면에서 모압의 지리적 환경이나 이스라엘, 특히 유다의 지리적 환경이 매우 유사하였다. 이들의 영토는 아르논 강(River Arnon)을 중심으로 북모압과 남모압으로 나누어지며, 북쪽의 중심지는 헤스본(Heshbon)과 마다바(Madaba)였고, 남쪽의 중심지는 케락(Kir-Haroseth)이었다. 서쪽 경계인 사해와 남쪽 경계인 와디 제레드(Wadi Zered)는 자연적인 뚜렷한 경계였지만, 동쪽은 사막 지대와 접경하고 있어서 그 경계가 불투명하였다. 북쪽 경계 역시 시대에 따라서 항상 유동적이었다.

모압은 고원 지대이며 강수량이 적어 건농사에 적합하며, 골짜기마다 여러 샘들과 와디(wadi)가 있어 목축하기에는 천혜의 조건을 갖추고 있었다. 성경에서도 모압의 왕이 이스라엘의 양치기로 등장하기도도 한다(왕하 3:4).

룻기의 목적

룻기는 4:17-22의 다윗의 족보로 결론을 맺는다. 바로 이것이 룻기

저자의 목적이라고 이해할 수 있다. 룻기 저자는 다윗 왕의 족보를
목가적인 방법으로 표현한다. 이처럼 다윗의 조상들의 경건함을 보
여줌으로써 다윗을 영화롭게 하기 위해서라고 설명한다.[20] 이와 유
사한 방식은 다윗 족보의 초기 조상인 베레스(Perez)의 부모인 창세기
38장의 유다와 다말의 이야기에서도 발견된다. 이 이야기에서 베레
스의 출생은 룻기에 나타난 다윗의 족보에서 다윗의 할아버지인 오
베드의 출생과 비슷하다. 이 두 경우를 분석해 보아도 온전한 수혼은
아니다. 룻은 가장 가까운 친척과 결혼한 것이다(3:12). 두 이야기의
관심은 두 이방 여인에 관한 것이다. 두 경우에 있어서 여인은 수혼
을 위하여 지원자가 나타날 때까지 기다렸다. 그러다가 기회를 활용
한다. 다말은 유다를 유혹하기 위하여 창녀처럼 네거리에 앉아 있었
다(창 38:14). 룻은 밤에 타작마당에서 자고 있는 보아스의 발밑에 누웠
다(3:1 이하). 룻기를 기록한 저자는 룻기 4:12에 장로와 백성들이 보아
스를 "여호와께서 이 젊은 여자로 말미암아 네게 상속자를 주사 네
집이 다말이 유다에게 낳아 준 베레스의 집과 같게 하시기를 원하노
라"라고 축복함으로써 옛 이야기를 기억하게 하였다. 따라서 베레스
의 가문과 다윗의 가문의 기원은 같은 지파와 같은 지리적 배경에 의
하여 설명되어진다.

---

20) W. Dommershausen, "Leitwortstil in der Ruthrolle," *Theologie im Wandeln*, Munich, 1967, pp.
394-407, esp. p. 394.

더욱이 수혼이라는 관점에서 유다와 보아스의 이야기는 족장 이야기 속에 있는 주제들을 담고 있다. 이삭과 야곱의 출생에 관한 이야기들은 국가적인 영웅들이 태어날 때 얼마나 위기였는가를 보여준다. 베레스와 세라의 출생과 야곱과 이삭의 출생 사이의 유사점을 피할 수 없다. 버림받은 아들인 에서와 세라(창 36:17; 대상 1:37)는 다윗의 가장 강력한 적대 세력이었던 에돔과 관련이 있다. 두 이야기는 매우 유사하다(창 25:24, 38:2).

다윗의 족보와 족장의 족보 사이의 연관점은 다음 두 가지 사항을 고려할 때 매우 두드러진다. 첫째, 각 족보를 기록할 때 맨 위에 기록하는 "이는 역사이니라…"(톨레토트, תּוֹלֵדוֹת)가 룻기 4:18에만 기록되어 있다. 고대 근동에서는 왕의 족보를 기록할 때 다음 세 가지 특징을 가지고 기록한다. (1) 족보에서 시조가 여러 민족의 공동 조상으로 묘사된다(창 11:10-26). (2) 마치 아브라함-이삭-야곱처럼 특별한 왕조나 혹은 특별한 사람의 계보를 기록하고 있다. (3) 실제로 왕이 포함된 가계를 나타낸다(4:18-22). 처음과 세 번째 족보는 대체로 열 대로 기록하고 있다. 그러나 두 번째 족보는 대체로 이삼 대로 간단하게 기록하고 있다. 이스라엘에 있어서 처음 형식의 족보는 왕족 족보의 중요한 요소로 다윗으로 마쳐진다. 두 번째 형식과 세 번째 형식의 결합은 다윗 시대에 와서 등장하기 시작한다. 따라서 족보는 룻기의 중요한 요소이다. 또한 이러한 족보는 포로기 이전 시대부터 있어 왔다.

룻기가 에스라-느헤미야의 이방 여인에 대한 부정적인 태도(에 10장; 느 13:23-27)에 대항하기 위하여 기록되었다는 주장은 근거가 없다.[21] 만약 이러한 목적으로 기록되었다면 어떤 방식으로라도 이것이 표현되어야 했다. 즉 다른 친척의 입을 통하여 보아스의 결혼을 이러한 이유로 반대하는 것이 표현되었어야 했다. 룻기는 문학적인 관점에서 전통적 히브리 문학의 특징을 나타내고 있다. 따라서 룻기를 에스더나 역대기 혹은 에스라-느헤미야 시대의 것으로 보는 것에 대하여 반대할 만한 이유는 언어적으로 포로기 이후 시대의 특징이 나타나지 않는다는 점이다.[22]

룻기의 신학

룻기에서는 몇 가지 신학적 사상을 발견할 수 있다.

첫째, 하나님의 섭리사상이 발견된다. 족장의 이야기나 다윗의 즉위 이야기에서 나타나듯이 룻기에는 하나님께서 모든 일의 배후에서 움직이신다는 하나님 섭리사상이 나타난다. 룻기의 이야기는 모든 것이 인간의 동인(動因)에 의하여 일어나는 것으로 묘사하고 있다. 그러나 이러한 기술은 궁극적으로 하나님께서 인간을 자신이 목적한 바대로 인도하심을 나타낸다. 룻은 우연히 보아스의 들판을 택하

---

21) J. Vesco, "La date du livre de Ruth," *RB* 74 (1967), pp. 235-247, esp.p. 247.
22) M. Weinfeld, "Ruth, Book of," *Judaica* 14, col. pp. 518-522, esp. pp. 519-520.

였지만 이러한 선택은 다윗의 출생을 위한 결정적인 사건이 되었다. 나오미는 룻기 2:20에서 룻에게 "그가 살아 있는 자와 죽은 자에게 은혜 베풀기를 그치지 아니하도다"라고 말함으로써 룻이 하나님께 부합했다고 말한다. 아브라함의 종이 창세기 24:12에서 "오늘 나에게 순조롭게 만나게 하사"라고 요청한 후 그의 원함이 이루어졌음을 깨닫고 창세기 24:27에서 "나의 주인에게 주의 사랑과 성실을 그치지 아니하셨사오며 여호와께서 길에서 나를 인도하사 내 주인의 동생 집에 이르게 하셨나이다"라고 말한다. "주의 사랑과 성실을 그치지 아니하셨사오며"라는 표현은 구약성경에서는 두 번 등장한다.

둘째, 하나님의 보편적인 구원사상을 보여준다. 이방 여인 룻이 다윗의 조상이 된 것을 통하여 하나님의 구원이 이스라엘에만 머물러 있는 것이 아니라 이방인에게까지 확산되었음을 보여준다. 뿐만 아니라 모압 여인 룻이 이스라엘의 회중에 들 수 있었던 것은 이방인의 개종이 가능할 때만이 있었던 일이다.

이와 함께 이스라엘 백성들의 족보가 마치 유다와 다말의 이야기처럼 모압 여인 룻의 몸에서 난 오벳(Obed)에 의하여 계승되었음을 보여준다. 이로써 이스라엘 백성과 이방인들의 조화로운 삶의 모습을 나타내고 있다.

셋째, 룻기는 보편주의적인 세계관 속에서 이스라엘 사람들과 열방이 어떻게 더불어 살아가야 하는가를 보여준다. 특히 오늘날 다문화 사회 속에서 살아가는 우리에게 다른 문화권의 사람들을 어떻게 받아들이며, 그들에 대한 태도가 어떠해야 하는가를 보여준다. 이스라엘 왕조는 이스라엘 사람과 모압 여인의 결혼을 통하여 이어져갔다. 따라서 보편적인 측면에서 이스라엘과 열방 사이에 서로에게 은혜를 베풀고 돕고 살아야 함을 강조하고 있다. 특히 룻기에 나타난 보편주의는 다른 예언서의 보편주의와 차이가 있다. 다른 예언서의 보편주의는 열방을 받아들이는 데 머물지만 룻기는 이스라엘 사람들이 이방 사람을 축복할 뿐만 아니라 반대로 이방인의 도움을 받고 사는 유토피아적인 세계관을 보여주고 있다.

넷째, 귀환자에 대한 축복사상이 발견된다. 약속의 땅인 가나안을 버리고 이방 땅으로 간 자에게 임한 재앙과 이들이 다시 귀환하였을 때 하나님의 은혜와 축복이 다시 임하여 엘리멜렉의 가문이 끊어지지 않게 되는, 귀환자에 대한 축복사상이 내재되어 있다. 특히 룻기 1:6-22에서는 귀환을 뜻하는 동사 √שׁוב가 열두 번(1:6, 8, 10, 11, 12, 15, 16, 21, 22)이나 사용되었고, 2-4장에서는 축복(ברכה. 브라카, 2:4, 20, 3:10)과 은혜(חן 헨, 2:2, 13, חסד 헤세드, 2:20)가 핵심적인 단어로 사용된 점이 이것을 말해준다.

다섯째, 룻기는 다문화시대와 국제화시대에 다양한 계층의 조화로운 삶, 더불어 살아가는 삶의 원리를 구체적으로 가르쳐 준다. 사회적 소외계층인 과부, 이방인이었던 룻과 나오미가 어떻게 고대 이스라엘 사회에 정착하였으며, 다문화가정인 룻과 보아스의 결합이 이스라엘 사회에 어떤 영향을 끼치고 있는가를 보여주고 있다. 이 모든 문제를 해결하는데 있어서 신실한 하나님의 사람 보아스의 관심과 배려가 소외계층의 식량문제를 해결할 뿐만 아니라 이들의 사회적 지위상승을 위해서도 기여하는 것을 엿 볼 수 있다. 따라서 룻기는 여러 사회에서 발생되는 모든 문제를 해결하기 위하여 기득권 층의 관심과 배려 그리고 손해를 감수하려는 적극적인 자세가 필요함을 보여준다. 바로 이것이 다양한 계층이 더불어 살 수 있는 길임을 강조하고 있다.

여섯째, 룻기는 여성의 지위와 역할이 강조된다. 책의 주인공이 여성일 뿐만 아니라 과거와 다른 여성의 역할이 등장한다. 이스라엘 가문을 세우는데 있어서 여성의 역할을 높이 평가할 뿐아니라 여성이 아이의 이름을 지어주기까지 한다. 심지어 창세기 38:24에서 행음으로 불태워 죽임을 당할 뻔 했던 다말에 대하여 룻기 4:12에서는 베레스 가문을 세운 행동으로 긍정적 평가를 내린다.

일곱째, 룻기는 공동체 속에서 구성원의 행복에 깊은 관심을 갖는다. 전통적으로 미망인들은 시집 간 가문에 속한 자로 여김을 받고 이들의 행복은 무시되어 왔으나 룻기에서는 나오미가 오르바와 룻에게 자신의 삶에 대한 선택권을 부여할 뿐만 아니라 이들의 결정을 존중한다. 뿐만 아니라 베들레헴 사람들은 보아스와 모압여인 룻의 결혼에 대하여 축복함으로 개인의 선택을 비난하지 않고 존중한다.

제2부
주석적 이해

룻기

제1장

The Book of Ruth

룻기 1장

룻기 1장은 룻기 전체의 배경에 해당한다. 몇 부분으로 나누어 생각해볼 수 있다. 룻기 1:1-5에서는 나오미가 가족을 잃는 내용을 기록하고 있으며, 1:6-19a에서는 룻이 나오미와 함께 머물기로 결심하는 내용, 그리고 1:19b-22에서는 나오미와 룻이 베들레헴에 도착하여, 가난하게 사는 것을 기록하고 있다.

룻기 1:1-5

룻기 1장 가운데서도 1:1-5는 전체 룻기의 배경을 언급하고 있다. 베들레헴에서 모압 평지로의 이동과 나오미의 남편과 두 아들의 죽음에 관하여 기록함으로써 나오미가 베들레헴으로 다시 돌아올 수밖에 없는 상황을 제시한다. 따라서 1:1-5는 룻기 전체 이야기의 배경을 제시한다.

1 ויהי בימי שפט השפטים ויהי רעב בארץ וילך איש מבית לחם
יהודה לגור בשדי מואב הוא ואשתו ושני בניו:

¹ 바예히 비메이 슈포트 하-쇼프팀 바예히 라아브 바아레츠 바얄레크 이쉬 미베
이트 레헴 예후다 라구르 비스테이 모압 후 베이쉬토 우슈네이 바나브

¹ 사사들의 치리하던 때에 그 땅에 흉년이 드니라 유다 베들레헴에 한
사람이 그 아내와 두 아들을 데리고 모압 지방에 가서 우거하였는데

1절은 룻기의 시작으로 시간적 상황과 베들레헴을 떠난 배경에 대
하여 설명하고 있다. 룻기의 배경은 **사사들의 시대**(비메이 슈포트 하-쇼프
팀, בימי שפט השפטים)였다. 룻기의 배경이 사사시대라고 기록되어 있기
때문에 사사기와 사무엘서 사이에 놓이게 되었다.

사사들의 치리하던 때에(바예히 비메이 슈포트 하쇼프팀, ויהי בימי שפט השפטים)
는 문자적으로 '사사들이 통치하던 때에'(In the days when judges ruled)란
뜻이다. 따라서 룻기의 연대적 배경은 주전 1200-1000년 사이 철기
시대임을 알 수 있다. 그러나 이것이 룻기의 저작 연대가 사사시대라
는 뜻은 아니다. 사사기 1:1의 서두에 **사사들의 치리하던 때에**라는 시
대를 나타내는 표현이 등장하는 것은 사사기가 여호수아서와 사무
엘서 사이에 배치하면서 첨가한 것으로 추정한다.

그 땅에(바아레츠, בארץ)라고 번역된 것은 문자적으로 맞는 번역이지
만 의미적으로는 '이스라엘 땅에'로 고치는 것이 바람직하다. 왜냐

하면 구약성경에서 히브리어 하-아레츠(הארץ)는 '가나안' 혹은 '이스라엘'을 지칭하기 때문이다.

흉년(라아브, רעב)은 고대 근동에서는 신의 심판으로 이해하였다. 아타르하시스 신화(Atarhasis)에 의하면 신들이 인간의 수를 줄이기 위하여 흉년, 질병, 홍수 세 가지 방법을 사용한다고 한다. 시편 106:16에는 가뭄이 하나님의 심판으로 묘사되어 있다. 흉년이 들자 가족을 데리고 이방 땅 모압으로 이주하였다는 기록을 통하여 고대 구약성경 시대의 주된 산업이 농업이었으며, 농사에 필요한 물은 자연 강수량에 의존하였음을 알 수 있다. 따라서 가뭄은 가장 큰 재앙이었다.

구약성경에서 흉년으로 인하여 다른 지역으로 이주한 예가 여러 차례 기록되어 있다. 창세기 12:10에 의하면 아브라함은 가나안 땅의 흉년으로 이집트로 잠시 옮겨갔다 왔으며, 창세기 26장에서는 이삭때 흉년으로 인하여 그랄로 옮겨 갔고, 창세기 46:4, 47:4 이하에 의하면 야곱 역시 가나안의 큰 가뭄으로 이집트의 고센 땅으로 이주하였다. 열왕기상 17:1 이하에서는 가뭄과 흉년으로 엘리야가 요단 앞 그릿 시내까지 옮겨갔다 왔다. 또한 열왕기하 8:1-3에서는 수넴 여인이 가뭄으로 7년 동안 블레셋 땅에 거주하다 돌아왔다고 기록되어 있다.

유다 베들레헴(베이트 레헴 예후다, בית לחם יהודה)은 '유다 지파의 땅 베들레헴' 혹은 '유다 왕국의 베들레헴' 이란 뜻이다. 유다 베들레헴을 유다 지파의 땅 베들레헴으로 이해할 경우에는 전통적인 지파 전통에 따라 선택한 표현으로 간주한다. 그러나 유다 왕국의 베들레헴이라고 이해한다면 룻기는 남북 분열 왕국을 전제하고 있음을 추정할 수 있다. 두 가능성 어느 것으로 이해하든 본문을 이해하는 데는 아무런 지장이 없지만 '유다지파의 땅 베들레헴' 으로 이해하는 것이 더 적합하다.

구약성경에는 베들레헴(Beth-lehem)이란 지명이 두 곳 등장한다. 한 곳은 전통적인 유다 베들레헴이고, 다른 한 곳은 여호수아 19:15에 기록된 스블론 지파의 베들레헴이다.[23] 이 구절을 근거로 사사기 12:8-10의 입산의 출신지인 베들레헴은 나사렛에서 북서쪽으로 10km쯤 떨어진 곳(168 238)으로 생각된다.[24] 이러한 사실을 가능케 하는 것은 히브리어 성경에서 일반적으로 유다 지파의 베들레헴은 '베이트-레헴'(בית לחם)으로 기록하는데(룻 1:1; 삿 19:2 등), 스블론 지파의 베들레헴은 '베이트-라헴'(בית לחם)으로 기록하고 있는데서도 알 수 있다. 특히, 사사기 19:2의 "유다 베들레헴"에 대해서도 1절처럼 '베이트-레헴 예후다'(בית לחם יהודה)라고 기록하고 있다.

한 사람(이쉬 민~; איש מ~)이란 표현은 '~출신' 혹은 '~사람' 이라는 뜻으로 '베들레헴 출신의 사람' 이란 뜻이다. 구약성경에서 어느 지역 출신인가를 나타낼 때 이러한 표현을 주로 사용한다.

---

23) 김영진, 『이스라엘의 구원자, 야웨: 사사기 주석』, (서울:이레서원, 2007), pp. 38-39.
24) J. A. Soggin, *Judges*, OTL, (London: SCM Press, 1981), p. 223.

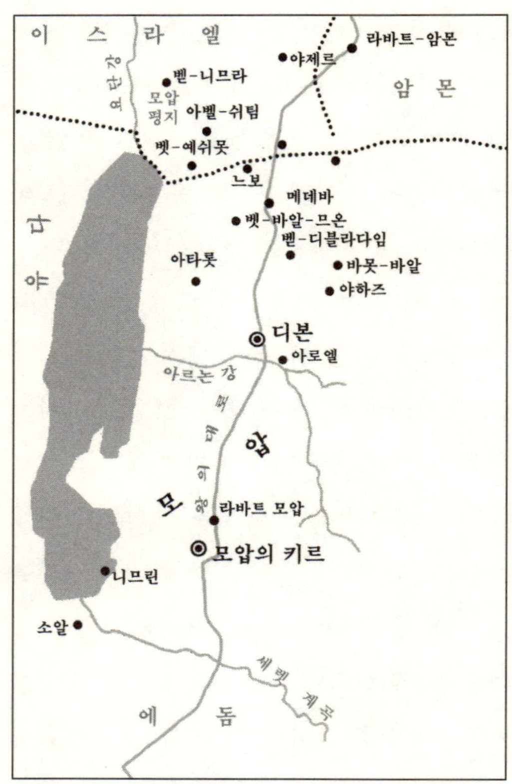

구약시대 모압 지도

모압 지방(스데이 모압, שְׂדֵי מוֹאָב)은 문자적으로는 '모압 평지'(*lit.* field of Moab)로 번역해야 하지만 본문에서의 의미는 '모압 땅'(에레츠 모압, אֶרֶץ מוֹאָב)이란 의미를 가지고 있다. 일반적으로 모압 평지는 히브리어로 에멕 모압(에멕 모압, עֵמֶק מוֹאָב)으로 표기한다(민 22:1, 31:12 등). 그러나 구약성경에서는 가뭄이나 흉년의 상황에서 스데이 모압이라는 표현이 에멕 모압이라는 표현 대신 사용되었다(룻 1:1, 2, 6, 22; 창 36:35). 이처럼 밭을 뜻하는 히브리어 사데(שדה)를 사용한 것은 흉년의 상황에서도 모압 지방의 생산성을 강조하기 위해서였다.

모압 땅(에레쯔 모압, ארץ מואב, 신 1:5)은 요단 동편 지역 가운데 해발 500-900m의 고원 지대에 위치해 있다. 지형적인 측면에서 모압의 지리적 환경이나 이스라엘, 특히 유다의 지리적 환경이 매우 유사하였다. 이들의 영토는 아르논 강(River Arnon)을 중심으로 북모압과 남모압으로 나누어지며, 북쪽의 중심지는 헤스본(Heshbon)과 마다바(Madaba)였고, 남쪽의 중심지는 케락(Kir-Haroseth)이었다. 서쪽 경계인 사해와 남쪽 경계인 와디 제레드(세렛 계곡)(Wadi Zered)는 자연적인 뚜렷한 경계였지만, 동쪽은 사막 지대와 접경하고 있어서 그 경계가 불투명하였다. 북쪽 경계 역시 시대에 따라서 항상 유동적이었다.

모압은 고원 지대이며 강수량이 적어 건농사에 적합하며, 골짜기마다 여러 샘들과 와디가 있어 목축하기에는 천혜의 조건을 갖추고 있었다. 성경에서도 모압의 왕이 이스라엘의 양치기로 등장하는 것을 기록하고 있다(왕하 3:4). 건농사 작물인 보리, 밀 등이 잘 자랐고, 특히 사해 북부 지역 약 150km²에 달하는 평지는 예로부터 '모압 평지'로 불렸다. 따라서 유다 지역에 기근이 들었을 때 유다 사람들이 모압으로 피난 간 것을 룻기를 통해서 알 수 있다.

2절에 의하면 이 사람의 이름은 엘리멜렉이다. 엘리멜렉의 가족은 네 명으로 구성되어 있다. 고대 이스라엘의 평균 가족 수는 약 네 명으로 추정된다. 이러한 추정은 하란(Harran)에서 발견된 인구조사 기록에 근거한 것이다.

1절의 **그 땅에 흉년이 드니라 유다 베들레헴 출신 한 사람이 그 아내와 두 아들을 데리고 모압 지방에 가서 우거하였는데**란 구절에 나타난 흉년의 때, 타국으로 이주하는 전통은 창세기에서 그 예를 찾아볼 수 있다. 가나안에 거주하던 이스라엘 백성들은 가나안에 가뭄이 들면 가나안 내에서 이동하거나 혹은 외국으로 이주하였다. 전자의 예는 창세기 26장에 기록된대로 아브라함이 그랄(Gerar)로의 이주를 의미한다. 이와 함께 외국으로 이주하는 예는 아브라함과 야곱의 때 이집트로의 이주가 있다.

וְשֵׁם הָאִישׁ אֱלִימֶלֶךְ וְשֵׁם אִשְׁתּוֹ נָעֳמִי וְשֵׁם שְׁנֵי־בָנָיו מַחְלוֹן 2
וְכִלְיוֹן אֶפְרָתִים מִבֵּית לֶחֶם יְהוּדָה וַיָּבֹאוּ שְׂדֵי־מוֹאָב וַיִּהְיוּ־שָׁם:

2 베쉠 하이쉬 엘리멜렉 베쉠 이쉬토 노오미 베쉠 슈네아-바나브 마흐론 베킬욘 에프라팀 미베이트 레헴 예후다 바야보우 스테아-모압 바이흐유 샴

2 그 사람의 이름은 엘리멜렉이요 그 아내의 이름은 나오미요 그 두 아들의 이름은 말론과 기룐이니 유다 베들레헴 에브랏 사람들이더라 그들이 모압 지방에 들어가서 거기 유하더니

2절은 1절 하반절에 기록된 '한 사람이 그 아내와 두 아들을 데리고'에서 한 사람, 그의 아내 그리고 두 아들에 대하여 구체적인 정보를 제공하고 있다. 2절에 기록된 이름은 엘리멜렉, 나오미, 말론, 기룐이다. 엘레멜렉-나오미 부부에 말론과 기룐 두 아들이 속해 있다.

엘리멜렉(엘리멜렉, אלימלך)의 의미는 '나의 하나님은 왕이시다'(My God is king)이다. 이러한 이름을 데오포릭(theophoric) 이름—이름에 하나님의 이름이나 하나님의 특성이나 성품 등을 지칭하는 요소가 들어 있는 이름—이라고 부른다. 엘리멜렉이라는 데오포릭 이름은 주전 7-6세기 이후의 이름에 많이 등장하지만**25)** 구약성경에서는 오직 룻기에만 등장한다(1:2,3, 2:1, 3).

나오미(노오미, נעמי)는 히브리어 모음에 의하면 '노오미'라고 읽어야 한다. 그런데 왜 나오미라고 불리워졌는가? 히브리어 노오미(נעמי)가 헬라어로 번역되면서 노에민(Νωεμιν)이라고 불렸고, 요세푸스(Josephus)는 나아미스(Ναάμις)라고 기록하고 있기 때문이다. 나오미의 어근은 √נעם이며, 그 뜻은 '사랑스럽다' 혹은 '즐거운'의 의미가 있다.

말론(마흐론, מחלון)은 '아프다'는 의미를 가진 히브리어 동사 할라(√חלה)의 명사형인 마할라(מחלה, 병)에서 유래되었다. 말론은 룻의 남

---

25) J. Tigay, *You shall no other gods: Israelite Religion in the Light of Hebrew Inscriptions* (Atlanta: Scholars Press, 1986).

편이다. **기론**(킬욘, כליון)은 '깨지기 쉬운' 의 뜻을 가진 히브리어 칼라 (כלה√)에서 유래되었다. 말론과 기론 두 이름의 어원만을 분석하면 두 아들이 일찍 죽을 수 있다는 사실을 예감할 수 있다. 여기서 생각할 수 있는 것은 룻기에 등장하는 사람들은 실제 살았던 사람들이라기보다 룻기 자체가 어떤 신학적 목적을 위하여 저술된 것이기 때문에 이야기 전개상 필요에 의하여 등장인물의 이름에 그들의 운명을 이미 내포시켰다. 즉 룻기의 문학 장르를 소설이라고 분류할 때 룻기의 등장인물의 이름은 이야기 전개에 맞춘 등장인물임을 알 수 있다.

유다 베들레헴 에브랏(에프라팀 미베이트 레헴 예후다, אפרתים מבית לחם יהודה) 이란 표현에서 에브랏이 어디인가 하는 문제가 제기된다. 에브랏은 에브라임 지파와 관계없는 아마도 베들레헴의 주변 지역을 가리키는 지명일 것이다.26) 이러한 사실은 구약성경의 다른 곳에서 사용된 에브랏의 용례를 통해서 이해할 수 있다(창 35:19, 48:7; 삼상 17:12; 미 5:1).27) 특히 사무엘상 17:12의 '다윗은 유다 베들레헴 에브랏 사람 이새라'(문자적으로 번역하면 '유다 베들레헴 출신 에브랏 사람 이새의 아들 다윗')는 표현을 통해서 에브랏(에프라티; אפרתי)이 베들레헴임을 알 수 있다.

2절에서는 룻기의 배경이 되는 공간적 배경을 설명한다. 즉 베들레헴에서 모압 평지로 이주한 공간적 배경을 제시하고 있다. 그런데

---

26) L. M. Luker, "Ephrathah," *ABD* 2, pp. 557-558, esp. p. 557.
27) Y. Zakovitz, "Ruth," p. 80.

2절에 등장하는 네 명의 이름이 룻기를 제외한 다른 곳에서는 등장
하지 않는다.

3 וַיָּמָת אֱלִימֶלֶךְ אִישׁ נָעֳמִי וַתִּשָּׁאֵר הִיא וּשְׁנֵי בָנֶיהָ:

3 바야먀트 엘리멜렉 이쉬 노오미 바티샤에르 히 우슈네이 바네이하

3 나오미의 남편 엘리멜렉이 죽고 나오미와 그 두 아들이 남았으며

1:3은 남편 사후 나오미의 상황에 대하여 설명하고 있다.

나오미의 남편 엘리멜렉(엘리멜렉 이쉬 노오미, אֱלִימֶלֶךְ אִישׁ נָעֳמִי)은 히브리어
어순에 의하면 엘리멜렉이란 개인 이름이 먼저 나오고 그를 설명하
는 내용(경우에 따라서 그의 직책이나 신분이 기록됨)이 뒤따라 기록된다. 따라
서 히브리어 어순에 의하여 번역하면, '엘리멜렉, 나오미의 남편' 이
된다. 그러나 포로기 이전 구약성경에는 직책 다음에 개인의 이름이
등장하는 것이 보편적이다. 그런데 룻기에서는 개인의 이름 다음에
직책이 등장한다. 즉 엘리멜렉(개인 이름) 다음에 나오미의 남편(직책)이
기록되어 있다. 이것은 룻기의 문체나 기록 방식이 포로기 이후를 반
영하고 있음을 보여준다. 참고적으로 '개인 이름 다음에 직책'
(RN+הַמֶּלֶךְ)이 기록된 예는 열왕기상 15:20, 22, 열왕기하 6:3, 16:10,
23:29, 이사야 36:21 등에서 살펴 볼 수 있다. 그러나 반대로 '직책 다
음에 개인이름' (הַמֶּלֶךְ+RN)이 기록된 예는 열왕기상 2:17, 18:6, 열왕기

하 15:16, 16:6, 29:18, 예레미야 3:6, 29:2 등에서 찾아 볼 수 있다.[28]

3절에서 나오미가 과부임을 묘사하는데 이것의 의미는 '아무 의지할 데 없는 사람' 이라는 뜻이다. 예레미야애가 1:1에서 예루살렘의 멸망을 과부에 비유한 것은 홀로 남아 있는 존재를 강조하는 것이다. 가족의 우두머리였던 엘리멜렉뿐만 아니라 그의 두 아들이 후손 없이 죽어 엘리멜렉 가문은 끊어질 위기에 처해 있었다.

4 וישאו להם נשים מאביות שם האחת ערפה ושם השנית

רות וישבו שם כעשר שנים:

4 바이스우 라헴 나쉼 모아비요트 쉠 하-아하트 오르파 베쉠 하-쉐니트 루트 바예쉬부 샴 케에세르 샤님

4 그들은 모압 여자 중에서 아내를 취하였는데 하나의 이름은 오르바요 하나의 이름은 룻이더라 거기 거한지 십 년 즈음에

룻기 1:4은 남편이 죽은 후 나오미가 모압 여인들을 며느리로 맞이하여 그곳에서 약 10여 년쯤 살았음을 기록하고 있다. 그러나 이들 모압 며느리들에게는 후손이 없었다.

모압 여자(모아비요트, מאביות)라는 표현에서 유다 백성이 모압 여인과

28) I. Eph'al and J. Naveh, "Remarks on the Recently Published Moussaieff Ostraca," *IEJ* 48 (1998), pp. 269-273, esp.p. 272.

결혼하는 것은 율법을 어긴 것임을 말해준다. 신명기 23:7에 의하면 에돔과 애굽 사람들은 삼 대후에 이스라엘 총회에 들어올 수 있도록 규정하고 있다. 그러나 모압 사람은 결코 이스라엘의 총회에 들어올 수 없다. 그런데 엘리멜렉은 이들을 며느리로 맞이하였다. 따라서 어떤 학자들은 룻기는 이방인과의 통혼을 금지하는 에스라의 주장(느 13:23-29)에 반대하는 것이라고 주장한다. 혹은 이스라엘 사람들이 이방인과의 통혼이 자연스러울 때의 시대적 배경을 반영하고 있다고 주장한다.

아내를 취하였는데(나싸 이샤; נשא אשה)라는 표현은 구약성경에 9번 사용되었다. 일반적으로는 취하다는 뜻의 라카흐(לקח) 동사를 사용하지만 룻기 1:4의 동사는 주로 이방여인을 취할 때 사용하는 동사로 쓰인 예이다. 에스라 9:2, 12, 10:44, 느헤미야 13:25 등이 대표적인 예이다. 따라서 룻기 저자는 자신이 사용하는 단어를 통하여 나오미의 아들들이 모압 여인과 결혼한 것에 대하여 부정적인 입장을 취하고 있음을 보여준다. 그러나 이사야 56장에 의하면 이방인들도 여호와의 성산에 올라 갈 수 있다. 이사야 56:6-7에 의하면 "나의 언약을 굳게 지키는 이방인마다 내가 곧 그들을 나의 성산으로 인도하여 기도하는 내 집에서 그들을 기쁘게 할 것이며 그들의 번제와 희생을 나의 제단에서 기꺼이 받게 되리니 이는 내 집은 만민이 기도하는 집이라 일컬음이 될 것임이라"고 기록하고 있다.

오르바(오르파, ערפה)는 어근이 불분명하며, 이름의 의미도 불확실하다. 그러나 한 가지 가능성은 '완고한'의 의미를 지닌 히브리어 오레프(ערף)에서 기인한 것으로 설명하기도 한다. 오르바는 나중에 자신의 부모에게 돌아간다. 마찬가지로 **룻**(רות)도 그 의미가 불확실하다. 어떤 학자들은 룻의 기원을 여자 친구를 뜻하는 레우트(רעות, 출 15:2)의 변형이라고 주장하기도 하지만 정확한 설명은 아니다. 후기에는 오르바와 룻이 모압 왕 에글론의 딸로 서로 자매 지간이었다는 전승도 생겨났다.**29)**

1:4에서 나오미는 이방 여인과의 결혼에 대하여 어떤 반감도 표시하지 않았음을 알 수 있다. 이러한 나오미의 태도는 에스라의 경우처럼 전통적인 이스라엘 사람들의 생각과는 거리가 있다. 구약성경 곳곳에서 이방 결혼에 대한 부정적인 입장이 묘사되어 있는데 본문에서는 그런 부정적인 입장을 발견할 수 없다. 특히 신명기 23:3-6에 의하면 모압 사람과의 결혼은 어떤 경우에도 허용되지 않았다. 따라서 이러한 이방인에 대한 긍정적인 입장, 특히 모압 여인과의 결혼 때문에 룻기의 배경을 바벨론 포로기 이후 특히 주전 5-4세기로 추정하게 하는 근거가 되기도 한다.

본문에 의하면 말론과 기룐이 모압 땅에 간 후 몇 년 만에 결혼했

---

29) É. Levine, *The Aramaic Version of Ruth*, Analecta Biblica 58 (Rome: Biblical Institute Press, 1973), p. 486.

는지 정확하지는 않지만 그들의 아내인 오르바와 룻은 10년 미만의
결혼생활을 하였음을 알 수 있다. 왜냐하면 모압 평지에 거한 지 10
여 년쯤 되었을 때 두 아들이 죽었기 때문이다(4-5절). 3절에 등장하는
인물들과 마찬가지로 오르바와 룻도 룻기를 제외한 구약성경 다른
어떤 곳에서도 등장하지 않는다.

5 וַיָּמֻתוּ גַם־שְׁנֵיהֶם מַחְלוֹן וְכִלְיוֹן וַתִּשָּׁאֵר הָאִשָּׁה מִשְּׁנֵי יְלָדֶיהָ
וּמֵאִישָׁהּ:

5 바야무투 감-슈네이헴 마흐론 베킬룐 바티샤에르 하이샤 미슈네이 옐라데이하
우메이샤

5 말론과 기룐 두 사람이 다 죽고 그 여인은 두 아들과 남편의 뒤에 남
았더라

5절은 나오미의 두 아들 말론과 기룐이 죽고 난 후 나오미가 남아 있
었음을 기록하고 있다.

5절의 구조는 앞 3절의 구조와 매우 유사하다.

3 וַיָּמָת אֱלִימֶלֶךְ אִישׁ נָעֳמִי וַתִּשָּׁאֵר הִיא וּשְׁנֵי בָנֶיהָ:

주어	동사		주어	동사

5 וַיָּמֻתוּ גַם־שְׁנֵיהֶם מַחְלוֹן וְכִלְיוֹן וַתִּשָּׁאֵר הָאִשָּׁה מִשְּׁנֵי יְלָדֶיהָ וּמֵאִישָׁהּ:

여기서 나오미를 **그 여인**(하이샤, האשה)이라고 부르는 것은 나오미가 홀로 남았으며, 누구에게도 기댈 데가 없음을 나타낸다.[30] 나오미는 이방 땅에서 이방인과 함께 남겨져 있는 상황이다. 성경은 말론과 기론의 사인(死因)에 대해서는 함구하고 있다.

아들(옐레드; ילד)이란 표현을 보편적인 히브리어 단어 벤(בן)을 사용하지 않은 것은 매우 특이하다.

1:1-5은 룻기의 배경을 기록하면서 엘리멜렉 가문의 위기를 기록하고 있다. 세 명의 미망인만 남아 있고, 후손이 없기 때문이다.[31]

룻기 1:1-5에서 나오미와 룻의 사회적인 지위는 미망인이다. 구약성경에서 과부란 사회적 약자로서 보호를 받도록 규정하고 있다. 생계를 위하여 밭의 곡식이나 열매를 추수할 때 남겨두도록 규정하고 있을 뿐만 아니라(신 24:19-22), 십일조를 통하여 이들의 생계를 돕도록 규정하고 있다(신 26:12-13). 더 나아가 신명기 24:17에서는 억울한 송사를 당하지 않도록 배려하도록 규정하고 있다(참 27:19).

이러한 사회적 약자를 위한 배려는 구약성경뿐만 아니라 고대근동의 법에서도 발견된다. 우루-이님기나의 법과 우루남무의 법전에서는 과부가 권력자에게 넘어가지 않도록 규정하고 있다. 특히 함무라비 법전의 서문에서는 법의 제정의 목적이 고아와 과부들에게 정의

---

30) A. LaCocque, *Ruth*, p. 43.
31) Y. Zakovitz, "Ruth," p. 78 (Hebrew).

를 세우기 위해서라고 기록하고 있다. 이처럼 고대근동에서는 법으로 과부를 보호하고 있다.[32]

또한 룻기 1:1-5에서는 텅빔(emptiness)이 이야기를 이끌어가는 주요한 주제로 등장한다. 즉 엘리멜렉은 가뭄으로 인하여 식량이 없어 베들레헴을 떠나 모압 평지로 이주하였다. 뿐만 아니라 나오미와 룻은 남편과 자녀가 없음으로 인하여 다시 베들레헴으로 이주한다. 따라서 룻기 서론의 텅빔의 주제는 룻기 전체를 이끌어가는 것이고, 전체 이야기는 텅빔이 채움으로 바뀌어져 나오미에게도 상속자가 생기며, 룻도 남편을 얻고, 자녀를 낳게 되는 것으로 이야기가 진행되고 있다.

핵심 메시지

- 룻기 1:1-5는 살기 위하여 약속의 땅 가나안(베들레헴)을 떠나 모압평지로 갔지만 그곳에서 엘리멜렉과 그의 두 아들은 죽고 나오미는 모압 며느리 룻과 함께 베들레헴으로 돌아오게 된다.
- 채우기 위하여 약속의 땅을 떠났는데 텅빈 상태로 돌아오게 되었다.
- 약속의 땅을 떠남은 죽음임을 보여준다.

---

32) 김영진, 『율법과 법전』(서울: 한들출판사, 2005), pp. 13-21.

룻기 1:6-15

1:6-15는 나오미가 텅빈 상태(남편과 아들을 잃음)에서 다시 고향 베들레헴으로 돌아오는 과정에 관하여, 특히 나오미가 어떻게 룻이라는 이방 모압 며느리와 함께 귀환하게 되었는지 설명하고 있다. 이 부분은 이야기 전체 구성 가운데서 룻이 주인공으로 등장하게 된 배경이 되기도 한다. 특히 1:6-22에서는 '돌아오다'는 의미를 지닌 동사(슈브, שוב)가 12회 사용되고 있다(1:6, 8, 10, 11, 12, 15, 16, 21, 22).

6 ותקם היא וכלתיה ותשב משדי מואב כי שמעה בשדה מואב
כי־פקד יהוה את־עמו לתת להם לחם:

6 바타캄 히 베칼로테이하 바타샤브 미스데이 모압 키 샤므아 비스테 모압 키 파카드 아도나이 에트-아모 라테트 라헴 라헴

6 그가 모압 지방에 있어서 여호와께서 자기 백성을 권고하사 그들에게 양식을 주셨다 함을 들었으므로 이에 두 자부와 함께 일어나 모압 지방에서 돌아오려 하여

1:6을 보면 나오미가 베들레헴으로 돌아오게 된 배경이 나온다. 나오미는 여호와께서 베들레헴을 축복하셔서 농사가 다시 원활하게 되고, 곡식의 생산량이 평년을 회복했다는 소식을 접하자 다시 고향

으로 귀환한다.

여호와께서 자기 백성을 권고하사(파카드 아도나이 에트-아모, פָּקַד יְהוָה אֶת־עַמּוֹ)는 '여호와께서 자기 백성을 방문하셨다' 는 뜻으로 이해해야 한다. **권고하사**로 번역된 히브리어 동사 파카드(파카드, פָּקַד)는 '지켜보다'(to look at) 혹은 '방문하다'(to visit)의 뜻을 가지고 있다.[33] 따라서 본문의 의미는 '여호와께서 그의 백성을 방문하여 그들에게 재산을 돌려주셨다' 는 뜻이다.[34] 일반적으로 하나님이 백성을 방문하는 것은 심판을 상징적으로 나타내는 표현이지만 여기서는 하나님의 은총이 임했다는 것이다(창 50:24; 출 4:31; 삼상 2:21; 렘 29:10). 이처럼 룻기는 나오미의 행동 모두가 여호와에 의하여 인도되어진 것임을 나타내고 있다. 따라서 여호와께서 그의 백성들을 구원하기 위하여 양식을 주셨다고 설명할 뿐만 아니라 이러한 표현을 통하여 나오미의 귀환이 하나님에 의하여 이루어진 것임을 나타내고 있다. 여호와께서 가나안을 떠나가셨기 때문에 이스라엘에는 가뭄과 흉년이 임했지만, 다시 여호와께서 이스라엘을 방문하여 돌아오실 때는 회복되어지고, 농작물이 제대로 수확된다는 신학적 사고가 반영되어 있다. 이처럼 하나님께서 다시 가나안 땅을 방문하셨기 때문에 나오미가 가나안으로 귀환하게 되었음을 보여준다. 신학적으로 고찰하면, 나오미 가족이

---

33) *HALOT*, pp. 955-958.
34) A. LaCocque, *Ruth*, p. 44.

모압 평지로 이주해 온 것은 하나님이 가나안 땅을 떠났기 때문에 가나안에 기근이 든 것이다. 하지만 이제는 하나님이 다시 가나안을 방문하셔서 가나안을 축복하시기 때문에 나오미는 더 이상 모압 평지에 있을 이유가 없게 되어 베들레헴으로 돌아가는 것이다. 이러한 표현을 통하여 우리는 가나안을 떠난 자들의 입장을 옹호하는 사상도 발견한다. 즉 가나안을 떠나는 것은 하나님께서 가나안에 계시지 않기 때문이라는 것이다.

나오미는 더 이상 모압 평지에 머물 이유가 없었다. 왜냐하면 베들레헴을 떠난 것도 식량을 얻기 위함인데 베들레헴에 다시 농사가 원활하게 재배되어 곡식이 풍부할 뿐만 아니라 남편과 두 아들이 모두 죽었기 때문에 더 이상 이방객지에 머무를 이유가 없었기 때문이다.

7 ותצא מן־המקום אשר היתה־שמה ושתי כלתיה עמה ותלכנה
בדרך לשוב אל־ארץ יהודה:

7 바테쩨 민-하마콤 아쉐르 하예타-샤마 우슈테이 칼로테이하 이마 바테라크나 바데레크 라슈브 엘-에레츠 예후다

7 있던 곳을 떠나고 두 자부도 그와 함께 하여 유다 땅으로 돌아오려고 길을 행하다가

1:7은 나오미가 룻과 오르바와 함께 유다 베들레헴으로 돌아오기

위하여 길을 떠났음을 기록하고 있다. 그러나 7절 없이 6절은 8절과 잘 연결된다. 따라서 쥬옹(P. Jouon)은 7절이 필요없다고 주장한다.**35)** 그러나 사손(J.M. Sasson)은 8-18절을 극적으로 묘사하기 하기 위하여 7절을 삽입하였다고 주장한다.**36)**

자부(칼라, כלה)라고 번역된 히브리어 칼라(כלה)는 '신부'(bride, 사 49:18, 61:10), '며느리'(daughter-in-law, 창 11:31, 38:11, 레 18:15, 20:12, 삼상 4:19, 겔 22:11, 호 4:13-14, 미 7:6, 룻 1:6-8,22, 2:20, 22, 4:15, 대상 2:4)의 의미를 가지고 있다. 따라서 본문에서는 이미 결혼하여 10여년을 살았기 때문에 며느리로 번역해야 한다.

유다 땅(에레츠 예후다, ארץ יהודה)이란 명칭은 그 명칭이 사용된 상황에 따라서 그 의미는 다르다. 이 명칭은 사무엘상 22:5, 30:16, 열왕기하 23:24, 이사야 26:1, 예레미야 31:23 등에서 사용된다. **유다 땅**이란 명칭이 룻기 1:7에서는 지파적 성향이 강한 의미로 사용된다. 반면에 열왕기하 23:24나 이사야 26:1 그리고 예레미야 31:23에서 유다 땅은 유다 왕국이라는 의미를 갖는다.

---

35) P. Jouon, *Ruth: Commentaire philologique et exégéique*, (Rome, 1953), p. 35.

36) J.M. Sasson, *Ruth. A New Translation with a Philological Commentary and Formalist- Folklorist Interpretation*, (Baltimore: Johns Hopkins, 1979), p. 22.

8 וַתֹּאמֶר נָעֳמִי לִשְׁתֵּי כַלֹּתֶיהָ לֵכְנָה שֹּׁבְנָה אִשָּׁה לְבֵית אִמָּהּ
יַעַשׂ יְהוָה עִמָּכֶם חֶסֶד כַּאֲשֶׁר עֲשִׂיתֶם עִם־הַמֵּתִים וְעִמָּדִי:

8 바토메르 노오미 리슈테이 칼로테이하 레크나 쇼브나 이샤 레베이트 이마 야아
세 아도나이 이마켐 헤세드 카아쉐르 아시템 암-하메팀 베이마디

8 나오미가 두 자부에게 이르되 너희는 각각 어미의 집으로 돌아가라
너희가 죽은 자와 나를 선대한 것같이 여호와께서 너희를 선대하시
기를 원하며

1:8에서 나오미가 두 며느리에게 어미의 집으로 돌아가라고 말한
것은 미망인이나 이혼 당한 여인이 친정집으로 돌아가는 것은 율법
에 기록되어 있기 때문이다(레 22:13).

창세기 38:11에서 다말이 아버지의 집에 머무르게 된 것도 같은 이
유에서였다. 보통의 경우, 아버지의 집(베이트 아브, בֵּית אַב)이란 용어가
사용되고 있는데 이것은 고대 사회가 가부장적인 사회였음을 보여
주는 예이다. 그러나 이 경우에는 매우 이례적으로 **어미의 집**(베이트 이
마, בֵּית אִמָּהּ)이란 용어가 사용되었다. 아버지의 집이란 단순한 아버지
의 집이란 뜻이 아니라 사회적, 법률적인 용어로 인식할 수 있다.

일반적으로 고대 근동이나 이스라엘에서 여자는 아버지, 남편 혹
은 오라버니의 보호의 대상으로 인식되었기 때문에 아비의 집이란
용어를 많이 사용한다. 따라서 구약성경에서 일반적으로 여자의 친

정집을 뜻할 때 아비의 집이란 용어를 사용하며, 이혼당한 여인이 돌아가는 집을 아비의 집이라고 묘사한다(창 38:11, 레 22:12, 민 30:17, 신 22:21, 삿 19:2-3).

그런데 룻기와 아가서(3:4, 8:2) 그리고 창세기 24:28에서는 어미의 집이란 용어가 사용되었다. 문자적으로 어미의 집은 아버지의 집보다 더 작은 구역을 의미하는 것으로 어머니가 머무는 곳이란 뜻이다.37) 아가서의 어미의 집은 여인의 어머니(친정어머니)의 침실을 의미하며, 이곳은 안전한 곳을 의미한다. 뿐만 아니라 창세기 24:28의 어미의 집은 리브가가 아브라함의 종과 이삭의 부인을 찾는 것에 관하여 대화하던 장소로 묘사된다. 룻기서에서의 어미의 집이란 오르바와 룻이 안전하게 재혼할 수 있는 곳을 의미한다.38) 룻기나 아가서에서 아버지의 집이란 용어 대신 어미의 집이란 용어가 사용된 것을 근거로 아가서와 룻기서를 여자가 기록하였다고 주장하기도 한다.39)

신학적인 측면에서 8절은 매우 중요하다. 나오미가 **여호와께서 너희를 선대하시기를 원하며**라고 말한 것은 하나님께서 이스라엘 백성에게만이 아니라 모압과 모압 백성들에게도 역사하시는 분으로 이해했기 때문이다. 특히 9절은 구체적으로 하나님이 어떻게 모압 여인들을 도우실지를 기록하고 있다. 따라서 룻기 저자의 하나님에 대한

37) Y. Zakovitz, "Ruth," p. 83 (Hebrew).
38) R.L. Hubbard, Jr., *The Book of Ruth*, pp. 102-103.
39) A. LaCocque, *Ruth*, p. 44.

이해는 이스라엘만을 위한 하나님이 아니라 보편적인 하나님으로 이해하였음을 보여준다.

선대함(헤세드, חֶסֶד)은 특별한 의미로 해석하기보다는 '여호와께서 응답하셨다' 는 뜻으로 이해하는 것이 바람직하다. **40)** 그러나 선대함으로 번역한 히브리어 헤세드(חֶסֶד)는 단 하나의 의미로 해석할 수 없다. 헤세드의 문자적 의미는 '사랑;' '선대함,' '친절함' 등으로 번역할 수 있다. 즉 '여호와께서 너희를 사랑하시기를 원하며' 로 번역할 수 있다. 칠십인 역에서는 히브리어 헤세드(חֶסֶד)를 엘레오스(ἔλεος)로 번역하였다. 글릭(N. Glueck)은 헤세드를 하나님과 인간 사이의 관계를 나타내는 용어로 이해하였다. **41)** 특히 룻기 1:8의 경우 헤세드는 결혼에 대한 혈연관계 즉 나오미와 룻의 관계를 나타낸다고 주장한다.

1:8의 **너희가 죽은 자와 나를 선대한 것**을 통하여 보여주려는 것은 자부들의 효성심이라기보다는 죽음이 가족관계를 단절시키지 못함을 보여주는 것이다. 왜냐하면 **여호와께서 너희를 선대하시기를 원하며**라는 표현은 사람 사이의 관계를 끊을 때 사용하는 전문용어이기 때문이다. **42)**

---

40) K. Sakenfeld, *Meaning of Ḥesed*, p. 12.

41) N. Glueck, *Ḥesed in the Bible* (Cincinneti: Hebrew Union College, 1967), pp. 35-42.

42) *K. Sakenfeld, The Meaning of Hesed in the Hebrew Bible: A New Inquiry*, HSM 17 (Missoula: Scholars, 1978), pp. 107-111.

9 יִתֵּן יְהוָה לָכֶם וּמְצֶאןָ מְנוּחָה אִשָּׁה בֵּית אִישָׁהּ וַתִּשַּׁק לָהֶן
וַתִּשֶּׂאנָה קוֹלָן וַתִּבְכֶּינָה׃

9 이텐 아도나이 라켐 우메쩨나 메누하 이샤 베이트 이샤 바티샤크 라헨 바티세
나 콜란 바티브케이나

9 여호와께서 너희로 각각 남편의 집에서 평안함을 얻게 하시기를 원
하노라 하고 그들에게 입맞추매 그들이 소리를 높여 울며

1:9의 **평안함**(메누하, מְנוּחָה)은 '쉼'(rest)으로 번역하는 것이 바람직하
며, 이 쉼에는 샬롬과 달리 안전이 내포되어 있다.**43)** 따라서 평안함
을 '안전함'(security)으로 번역할 수 있다.**44)** 구약성경에서 이 단어는
방황하거나 혹은 이동한 후 정착한다는 의미로 많이 사용되었으며,
주로 가나안 땅에 정착할 당시를 표현할 때 많이 사용되었다. 이 경
우에는 '안식처' 란 의미를 지니고 있다(왕상 8:56; 사 32:18; 시 95:11).

남편의 집에서 평안함을 얻게 하시기를 원하노라의 의미는 '재혼하여
남편의 보호 아래에서 평안함을 누리기를 원한다' 는 뜻이다.

9절의 **입맞추매**(나샤크, נשׁק)는 단순한 입맞춤을 나타내기보다는 이
별이나 만남을 상징적으로 나타낸다. 고대 이스라엘에서는 만나거
나 이별할 때 인사로서 입맞춤을 했다(창 33:4).

43) *HALOT*, p. 600.
44) R.L. Hubbard, Jr., *The Book of Ruth*, p. 105.

10 וַתֹּאמַרְנָה־לָּהּ כִּי־אִתָּךְ נָשׁוּב לְעַמֵּךְ:

10 바토마르나－라 키－이타크 나슈브 레아메크

10 나오미에게 이르되 아니니이다 우리는 어머니와 함께 어머니의 백
성에게로 돌아가겠나이다

10절에 의하면 오르바 역시 나오미와 함께 유대 백성에게 돌아가
기를 원하였다. **우리는** 오르바와 룻을 의미한다. 뿐만 아니라 10절에
대한 나오미의 대답인 11절에서 '내 딸들아' 라고 복수로 부르기 때
문이다. 우리말 10절의 "나오미에게 이르되 아니니이다 우리는 어머
니와 함께 어머니의 백성에게로 돌아가겠나이다"라는 번역을 히브
리어 원문으로 번역해 보면 "나오미에게 말하였다. 우리는 당신과
함께 당신의 백성에게 돌아가겠나이다" 이다. 따라서 NKJV에서도
"And they said to her, 'Surely we will return with you to your
people'" 라고 번역하였다. 그런데 우리말에서 "아니니이다"라는 표
현이 들어간 것은 히브리어 관계대명사 키(כִּי)를 강조의 반의적 관계
대명사로 이해하였기 때문이다.**45)**

우리는 어머니와 함께 어머니의 백성에게로 돌아가겠나이다는 말의 의
미는 이스라엘 백성으로 귀화하겠다는 것을 의미한다. **어머니의 백성**
은 곧 이스라엘 백성을 뜻한다.

45) R.L. Hubbard, Jr., *The Book of Ruth*, p. 107.

9절과 마찬가지로 10절에서도 보편주의적 사상이 나타난다.

하나님께서 이방 민족을 벌하지 않으시고 축복하시기를 기원하는 것은 범우주적인 하나님 사상이다. 이러한 사상적 특징은 룻기가 솔로몬 시대에 저술되지 않았다는 것을 보여준다.[46] 왜냐하면 다윗-솔로몬 시대는 주변 국가들과의 전쟁에서 승리하여 유다 왕국을 형성해야 하는 배타주의적인 신학 사조가 주류를 이루었던 시대이기 때문이다.

11 ותאמר נעמי שבנה בנתי למה תלכנה עמי העוד-לי בנים
במעי והיו לכם לאנשים:

11 바토메르 노오미 쇼브나 브노타이 라마 텔라크나 임미 하오드-리 바님 브메아이 베하유 라켐 라아나쉼

11 나오미가 가로되 내 딸들아 돌아가라 너희가 어찌 나와 함께 가려느냐 나의 태중에 너희 남편 될 아들들이 오히려 있느냐

11절은 룻기가 처음부터 수혼법의 주제로 구성되었음을 보여주는 중요한 구절이다. 즉 나오미가 두 며느리에게 **나의 태중에 너희 남편 될 아들들이 오히려 있느냐**라고 반문하는 것은 나오미가 낳을 아들이 있다면 자부들과 결혼할 수 있다는 의미이다. 따라서 이 구절의 의도

46) A. LaCocque, *Ruth*, p. 46.

는 나의 태중에는 너희들의 남편이 될 아이가 잉태되어 있지 않다는 것을 말하는 것으로, 자신에게는 아무런 희망이 없으니 네 부모의 집으로 돌아갈 것을 권하고 있는 것이다. 이처럼 수혼법의 주제를 통하여 전체 룻기를 전개하고 있다. 따라서 룻은 **너희가 어찌 나와 함께 가려느냐**라고 질문한다. 따라서 룻은 두 자부에게 8절의 **너희는 각각 어미의 집으로 돌아가라**처럼 원래 본 집으로 돌아가라는 뜻이다.

태(메임, מעים)는 복부 밑의 기관을 의미한다. 태란 단어를 사용함으로써 배를 의미하는 베텐(בטן)이나 자궁을 뜻하는 레헴(רחם)이나 케레브(קרב)보다 더욱더 그림같이 생생한 표현을 사용한 것은 **메임**이라는 단어가 인간의 본능이 자리 잡고 있는 곳이란 의미도 있기 때문이다.[47] 따라서 **나의 태중에 너희 남편 될 아들들이 오히려 있느냐**는 나오미의 말을 통하여 우리는 나오미가 자녀를 가질 수도 없는 상황에 처해 있음을 짐작할 수 있다. 이것이 그녀를 더욱더 슬프게 했다.

11-13절에서 나오미는 며느리들이 자신을 따라 가서는 안 될 이유를 수혼법이라는 관습적인 측면을 통해 설명하면서, 며느리들을 설득하고 있다.[48] 첫째, 나오미는 늙어서 자녀를 생산할 수 없다. 둘째, 나오미에게는 자녀를 생산할 남편도 없다. 셋째, 혹 나오미가 재혼을 통해 임신을 하여 자녀를 생산하더라도 그들이 며느리의 남편이 되

---

47) R.L. Hubbard, Jr., *The Book of Ruth*, p. 109.
48) K.A.R. Farmer, "Ruth," *The New Interpreter's Bible: A Commentary in Twelve Volumes, Volume II*, (Nashville: Abingdon Press, 1998), p. 904.

기까지는 오랜 시간을 기다려야 한다. 따라서 나오미는 며느리들이 자신을 떠나가라고 권면한다. 이처럼 나오미가 세 가지 이유로 며느리가 함께 가는 것을 거절하는 것은 열왕기하 2장에서 엘리사가 세 차례 엘리야를 버리는 것을 거절한 것과 유사하다.

이러한 수혼법(혹은 형사취수제도, levirate marriage)은 이스라엘뿐만 아니라 고대근동 세계에 보편적으로 유행하던 제도이다. 이러한 제도는 히타이트, 아시리아, 우가릿 사회에서도 유행하였던 제도이다. 이러한 형사취수제도의 목적은 죽은 자의 가족들에게 그가 남긴 재산을 관리하도록 허용하는 것이다.**49)**

שבנה בנתי לכן כי זקנתי מהיות לאיש כי אמרתי יש־לי 12
תקוה גם הייתי הלילה לאיש וגם ילדתי בנים:

¹² 쇼브나 브노타이 레크나 키 자칸티 미헤오트 레이쉬 키 아마르티 예슈―리 티크바 감 하이티 하라일라 레이쉬 베감 얄라드티 바님

¹² 내 딸들아 돌이켜 너희 길로 가라 나는 늙었으니 남편을 두지 못할지라 가령 내가 소망이 있다고 말한다든지 오늘 밤에 남편을 두어서 아들들을 생산한다 하자

---

49) R. Westbrook, *Property and Family in Biblical Law*, JSOTSup. 113, (Sheffield: Sheffield Academic, 1991), pp. 69-89.

12절에서 나오미가 **나는 늙었으니**(키 자칸티, כי זקנתי)라고 말하는 것은 창세기 18:13의 사라가 "나는 늙었거늘"이라고 말하는 것과 같다. 늙었다는 것은 단순히 나이많은 상태를 뜻하는 것이 아니라 자녀를 생산할 수 없음을 의미한다. 일부 학자들에 의하면 고대 사람들의 수명은 약 마흔 살 전후라고 한다.[50] 따라서 나오미의 나이를 마흔 살 전후로 추정할 수 있다. 12절 하반절에서 나오미가 **오늘 밤**의 일을 가정하는 것은 자녀의 생산을 위한 희망적인 가정이 아니라 두 며느리가 자신을 떠나가는데 더 큰 확신을 주고자 하는 가정이었다.

13 הלהן תשברנה עד אשר יגדלו הלהן תעגנה לבלתי היות
לאיש אל בנתי כי־מר־לי מאד מכם כי־יצאה אבי יד־יהוה:

13 할라헨 테샤베르나 아드 아쉐르 이그달루 하라헨 테아게나 레빌티 헤요트 레이쉬 알 브노타이 카-마르-리 메오드 미켐 카-야쯔아 비 야드-아도나이

13 너희가 어찌 그것을 인하여 그들의 자라기를 기다리겠느냐 어찌 그것을 인하여 남편 두기를 멈추겠느냐 내 딸들아 그렇지 아니하니라 여호와의 손이 나를 치셨으므로 나는 너희로 인하여 더욱 마음이 아프도다

13절의 너희가 어찌 그것을 인하여 그들의 자라기를 기다리겠느냐(할라

50) K. D. Sakenfeld, *Ruth*, IBC (Louisville: Westminster · John Knox, 1999), p. 27.

헨 테샤베르나 아드 아쉐르 이그달루, הלהן תשברנה עד אשר יגדלו)의 의미는 '그런 데 너희들이 그들이 자랄 때까지 기다리겠느냐?' 이다. '기다리다' 는 의미의 히브리어 어근 √שבר의 기본형(칼형, 사바르, שבר)은 '조사하다' 의 뜻을 가지지만 피엘형(시베르, שבר)일 경우에는 '기다리다' 의 뜻을 갖는다.

멈추겠느냐(네아겐, תעגנ)의 문자적인 의미는 '새로운 결혼을 막다' 로 룻기 1:13에만 사용되는 단어이다. 우리말 성경은 네아겐(תעגנ)의 의미를 정확하게 전달하지 않았다. 따라서 **어찌 그것을 인하여 남편 두기를 멈추겠느냐**(하라헨 테아게나 레빌티 헤요트 레이쉬, הלהן תעגנה לבלתי היות לאיש)의 의미는 '어찌 새로운 결혼을 막고 남편이 되지 않게 하느냐' 이다.

여호와의 손이 나를 치셨으므로(야쯔아 비 야드-아도나이, יצאה בי יד-יהוה)의 문 자적인 의미는 '여호와의 손이 나를 대항하여 나갔다' 이다. 그런데 '대항하여 나갔다' 는 것은 군사적인 표현으로 '공격하다,' 혹은 '치다' 의 의미를 가지고 있다.[51] 여기서 나오미는 자신의 모든 자손이 죽 는 것을 하나님께서 자신에게 적대적이시기 때문에 생긴 일이라고 이 해하였다. 따라서 나오미는 여호와께서 자신을 마치 적처럼 대하셨 다고 느끼고 있다.[52] 이러한 생각은 욥기에서도 발견된다. 여기서 우 리는 하나님이 함께하심이 바로 자녀의 출산과 번영이라는 사상을 발

51) A. LaCocque, *Ruth*, p. 50.
52) R.L. Hubbard, Jr., *The Book of Ruth*, p. 113.

견할 수 있다. 따라서 하나님의 정의나 선은 인과응보적인 것으로 이해되었다.[53] 이러한 사상은 포로기 이후의 시대적 특성이었다.

마음이 아프도다(마르-리, מר-לי)의 표현은 20절에서 나오미가 자신을 '마라' 라고 부르라고 하는 것과 같은 맥락이며, 이 구절은 '나에게 고통이 있다' 라는 뜻이다.

13절은 나오미가 자신의 두 며느리 오르바와 룻이 자신을 떠나게 하기 위하여 며느리를 설득하는 것이다. 여기서 나오미는 자신에게서는 더 이상 오르바와 룻의 남편이 될 아들을 생산할 수 없음을 알고 있었다.

14 וַתִּשֶּׂנָה קוֹלָן וַתִּבְכֶּינָה עוֹד וַתִּשַּׁק עָרְפָּה לַחֲמוֹתָהּ וְרוּת דָּבְקָה בָּהּ:

14 바티세나 콜란 바티브케이나 오드 바티샤크 오르파 라하모타 베룻 다브카 바

14 그들이 소리를 높여 다시 울더니 오르바는 그 시모에게 입맞추되 룻은 그를 붙좇았더라

14절의 소리를 높이다(티세나, תשנה)는 뜻으로 사용된 히브리어 동사 나사(נשא)에 인칭 어미가 붙을 때, 맨 뒤에 있는 자음 알레프(א)가 탈락하는 예는 예레미야 9:17, 스가랴 5:9, 에스겔 23:49 등에서 발견된다.

53) A. LaCocque, *Ruth*, p. 49.

붙좇았더라(다바크, דבק)는 주로 하나님에 대한 헌신을 뜻할 때 사용하는 단어이지만 아가서에서는 사람 사이의 관계를 나타내는 데 사용되었다. [54] 일반적으로 히브리어 동사 다바크(דבק)는 일반적으로 사람과의 관계를 나타낼 때 주로 사용되며, 경우에 따라서는 같은 성(性)을 가진 사람들 사이의 관계를 묘사할 때도 사용한다. 창세기 2:24, 열왕기상 11:2 등에서 주로 결혼 관계를 나타내는데 사용되었다. 룻기 1:14에서 룻이 나오미에게 붙좇았을 때 이 동사를 사용한다. 또한 룻기 2:8, 23에서 룻이 보아스의 소녀들과 함께 있음을 나타낼 때도 이 동사를 사용한다. 룻기 2:21에서 보아스가 룻에게 추수를 다 할 때까지 자신의 밭에서 이삭을 주으라고 말할 때도 이 단어를 사용한다("너는 내 소년들에게 가까이 있으라 하더이다"). 따라서 잠언 18:24는 다바크는 사람과의 좋은 관계를 나타낼 때 사용하였다. [55]

군사적인 의미에서 다바크(דבק)는 추적하다의 의미를 갖는다(수 23:12, 삿 18:22, 20:42, 45, 삼상 14:22, 31:2, 삼하 1:6, 20:2, 23:10, 대상 10:2). 신명기 역사가에게 있어서 다바크(דבק)는 이스라엘의 하나님과의 관계를 나타낼 때 사용되었다.

시모(하모트, חמות)는 룻기에서 많이 사용되는 단어이며, 룻기 이외에는

---

54) A. LaCocque, *Ruth*, p. 50.
55) *TDOT* 3, pp. 80-81.

미가 7:6에서 단 한차례 사용되었다. 룻기에서 하모트(חמות)는 '남편의 어머니' 라는 의미로 사용되었다(2:11, 18, 19, 23, 3:1, 6, 16). 룻 자신은 이 단어를 단지 보아스의 말을 나오미에게 옮길 때만 사용하였다(3:17).

15 ותאמר הנה שבה יבמתך אל־עמה ואל־אלהיה שובי אחרי
יבמתך:

15 바토메르 히네 샤바 여비므테크 엘–아마 베엘–엘로헤이하 슈비 아하레이 여비므테크

15 나오미가 또 가로되 보라 네 동서는 그 백성과 그 신에게로 돌아가나니 너도 동서를 따라 돌아가라

15절의 **동서**(예바마, יבמה)는 '형제의 미망인' 혹은 '동서' 란 뜻이다. 본문에서는 단순한 동서가 아니라 남편이 죽은 동서를 의미한다(신 25:7, 9). 이 단어는 창세기 38장의 유다와 다말의 이야기와 아가서에만 사용된다. 여기서 동서는 오르바를 가리킨다.

그 신에게 돌아가나니라는 표현은 오르바가 '모압의 신에게 돌아갔다' 는 의미이다. 15절을 통하여 백성에게 돌아간다는 것이 곧 그 백성이 섬기는 신에게 돌아간다는 뜻을 함께 함축하고 있음을 알 수 있다.

오르바가 다시 돌아간 모압 종교는 어떤 종교인가? 메사의 석비

(Mesha Inscripiton)와 인장의 각인을 통하여 모압의 국신은 구약성경에 기록된 것과 같이 그모스(Chemosh)임을 알 수 있다.[56] 이러한 사실은 메사 석비에서 그모스가 모압의 왕권을 지켜주고, 모든 전쟁에서 승리를 가져다주는 신으로 기록되어 있고, 개인의 이름들에 그모스와 결합된 어휘가 발견되는 것을 통하여 알 수 있다(그모쉬야트, כמשית; 크모쉬암, כמשעם). 이러한 사실은 열왕기상 11:7의 기록과 일치하는 것이다.

메사석비

모압의 국가 종교에는 어느 정도의 독특한 체제나 전통이 있었을 것이다. 왜냐하면 모압 사람들은 구약성경와 모압 비문들과 다양한 형태의 인장들에 언급되어 있는 자신들만의 국가 신인 그모스가 있기 때문이다. 심지어 모압 사람들은 "그모스의 백성"이라고까지 불린다(민 21:29; 렘 48:46). 모압 왕들의 이름 가운데에서도 그모스의 이름은 흔하게 나타난다(크모쉬야트, כמשית; 크모쉬암, כמשעם; 크모쉬나답, כמשנדב). 모압의 일반 사람들의 이름 속에서도 그모스의 이름은 흔하게 발견된다(크모쉬쩨덱, כמשצדק; 크모쉬암, כמשעם; 크모쉬엘, כמשאל).

56) 김영진, 『고대근동의 역사문헌』(서울:한들출판사, 2005), pp. 161-186, esp.pp. 163-174.

그모스 신의 배우자의 이름은 메사 석비를 통해서 알 수 있다. 이쉬타르-그모스(עשתר-כמש)로 '그모스의 이쉬타르'(혹은 Astarte)로 해석할 수 있다.[57] 모압에서 발견된 모압 이름을 분석한 결과, 그모스와 결합된 요소들을 살펴보면 고대 이스라엘, 에돔, 아람, 암몬 등지에서 발견된 이름과 마찬가지로 나답(נדב, 억지로 시키다),[58] 쩨덱(צדק, 공의, 옳음), 암(עם, 백성, 군대),[59] 엘(אל, 신), 단(דן, 심판하다), 아즈(עז, 강한), 헤세드(חסד, 충성), 그리고 나탄(נתן, 주다) 등과 결합되어 있다. 모압 사람들은 그모스를 정의로운 신, 강한 신, 충성해야 할 대상으로 생각하였다. 이러한 현상을 통하여 그모스 신에 대한 모압 사람의 신 개념은 고대 이스라엘 사람들이 여호와를 생각했던 것과 같음을 알 수 있다.

---

57) 이렇게 두 개의 이름이 결합되는 모습은 페니키아어권(圈)에도 역시 알려져 있었다. 비블로스(Byblos)에서는 바알-그발(Baʿalat-Gebal), 사렙다(Sarepta)에서는 타니트-아쉬토레트(Tanit-Ashtoret), 카르타고(Carthage)에서는 주로 바알(Baʿal)의 얼굴 타니트(Tanit)와 같은 양식으로 나타난다. E. Stern, *Archaeology of the Land of the Bible Volume II: The Assyrian, Babylonian, and Persian Periods* (732-332 B.C.E.), (New York: Doubleday, 2001), p. 265.
58) *HALOT II*, p. 671.
59) *HALOT II*, p. 838.

메사석비(Mesha Inscription)

나는 그모스[야트]의 아들, 모압의 왕, 디본 사람 메사이다. 나의 아버지는 30년 이상 모압을 치리하였으며, 나는 내 아버지의 뒤를 이어 왕이 되었다. 나는 카르호에 그모스를 위한 산당을 마련하였다. 내가 이 성소를 세운 것은 그모스가 나를 모든 왕들에게서 구원해주고, 또 나로 하여금 그들을 이기게 해주었기 때문이다. 그모스가 그의 땅에 대해 진노를 품었기 때문에 이스라엘의 왕 오므리가 모압을 오랫동안 지배하였다. 그의 아들이 아버지의 대를 이었으며, 그도 역시 "내가 모압을 지배하리라" 장담하였다. 나의 임기 중에 그가 그처럼 호언했으나 나는 그와 그의 왕조(lit. 집안)를 무찔렀으며, 이스라엘은 영원히 멸망하였다. 전에는 오므리가 마다바(메드바) 땅을 차지하여 그와 그의 아들의 임기 절반인 40년간을 그곳에 머물렀으나, 이제는 그모스가 그 곳에 머물게 되었다. 나는 바알 므온을 건설하여 그 곳에 저수지를 두었으며, 카르야텐도 건설하였다. 가드 사람들이 아타롯 땅에 오래 거하였는데, 아타롯은 이스라엘 왕이 자신을 위하여 만든 것이다. 나는 그 성읍과 싸워 이겼으며, 그 성읍에 사는 모든 사람들은 그모스와 모압을 위하여 하나도 남기지 않고 죽여 버렸다. 그곳에서 나는 그들의 우두머리 우리엘을 케리요스에 있는 그모스 앞으로 끌고 갔다. 그런후 샤론과 마카롯의 주민들을 그 성읍에 이주시켰다. 그모스는 나에게 "이스라엘이 가진 느보를 쳐서 빼앗으라"고 명하셨다. 그래서 나는 야

간 공격을 개시하여 새벽부터 자정이 될 때까지 싸웠다. 드디어 그 성읍을 탈취하고 그 안에 있는 모든 사람들, 곧 장정 7천 명과 부녀자까지 모두 아스달(이쉬타르)-그모스에게 예물로 바쳤다. 나는 그 곳에서 야웨의 …을 취하여 그모스 앞에 끌고 왔다. 이스라엘의 왕은 나와 싸우는 동안 야하스 성읍을 건설하여 그 곳에 머물고 있었다. 그러나 그모스가 그를 내 앞에서 쫓아내 버렸다. 나는 모압의 용사 200명을 거느리고 올라가 야하스를 쳐서 그 곳을 디본 지역에 예속시켰다. 나는 또 까르호(Qarhoh)를 건설하였다. 그리고 그 성읍 성벽을 쌓았다. 성문을 닫고 탑을 쌓았다. 그리고 그 곳에 궁전을 지었다. 성읍 안에는 저수지도 만들었다. 전에는 까르호 성읍 내에 물 저장소가 없었다. 그래서 나는 모든 주민들에게 말하였다. "각 사람은 자기 집에 물 저장소를 만들어라." 그리고는 이스라엘의 포로들을 시켜 까르호 성읍 내에 관개수로를 팠다. 나는 아로엘(Aroer)을 건설하고, 아르논 골짜기에 큰길을 내었다. 나는 황폐된 베제르…(Bezer…)를 다시 세웠다. 나는 모압에 예속시킨 백여 개의 성읍들을 다스렸다. 나는 …와 마다바, 벧디블라텐(Beth-diblathen), 벧바알므온(Beth-baʿal-meon) 등을 세웠고, 그 땅의 가축을 보호하기 위하여 그곳에 보냈다. 하우로넨(Hauronen)에는 …이 살고 있었는데, 그모스가 내게 이같이 말하였다. "가서 하우로넨과 싸우라." 나는 내려가 내 임기 중에는 그모스가 …

그모스 신 이외에도 고대 요단 동편의 다른 세 나라처럼 바알(בעל)과 엘(אל)에 대한 숭배가 있었음을 알 수 있다. 민수기 22:41에서 언급하고 있는 바못 바알(Bamot Baʿal)이라고 불렸던 장소와 벧 바알 므온(Beth Baʿal Meon)이라고 불렸던 다른 장소(수 13:17)는 모압 혹은 페니키아의 바알 제의와 연관되었을지도 모르지만, 오히려 그모스를 위한 제의 장소일지 모른다. 암몬인들 가운데에서 볼 수 있듯이 그모스의 이름에 바알이 첨가되었다.**60)** 따라서 모압에서도 그모스가 국신이기는 하지만 바알을 숭배하였음을 알 수 있다. 뿐만 아니라 바알 이외에도 가나안의 보편적인 신이었던 엘(אל)에 대한 숭배도 발견된다. 모압 사람들의 이름 가운데 엘과 결합된 이름들이 발견되기 때문이다(야다엘, יראל, 아마르엘, אמראל, 라파에, רפא, 아사마에, ישמא, 에즈라에, עזרא).

메사 석비에 의하면, 벧-그모스(Beth-Kemosh)로 알려졌던 그의 수도인 디본(Dibon)에는 그모스 신을 위한 신전이 하나 있었으며, 도시의 요새에는 몇 개의 산당(bamot, "노천 제의 장소")이 있었다. 그러나 모압의 제의 장소는 철기시대 초기로부터 주전 7세기에 이르기까지 단 한 곳도 발굴되지 않았다. 느보(Nebo)에 있던 성읍에서 보듯이 모압 땅에 거주했던 이스라엘 사람들 가운데서 야웨를 위한 제의가 이루어지고 있었음을 알 수 있다.

---

60) Stern E., *Archaeology of the Land of the Bible Volume II: The Assyrian, Babylonian, and Persian Periods* (732-332 B. C. E.), pp. 259-267.

고고학적인 발굴을 통해 볼 때 모압 지역의 무덤들에서 발견된 극소수의 신상들은 거의 예외 없이 유다에서 흔한 양식들이고, 모압만의 독특한 특징은 발견되지 않는다. 이 신상들은 주조한 얼굴에 손으로 만든 단단한 몸통을 가진 '기둥 모양의 신상' 의 양식이거나 페니키아의 전통을 따라 만든 '종 모양' 의 신상들이었다. 이 신상들은 탬버린 치는 사람들을 묘사하고 있으며, 매우 보편적인 형식이었다. 모압만의 독특한 특징들을 찾아내는 것은 불가능하다.

핵심 메시지

- 공동체보다는 공동체를 구성하는 구성원의 행복을 배려한다. 나오미가 가문보다는 오르바와 룻의 행복을 위하여 친정으로 돌아갈 것을 권유하였다. 개인의 선택이 중요하게 여겨진다.
- 개인이 개종함으로 여호와를 섬길 것을 결단함.

룻기 1:16-18

1:16-18에서는 룻이 시어머니 나오미에게 더 이상 어머니를 떠나라고 강권하지 말 것을 부탁한다. 이에 나오미는 룻이 함께 가기로 결정한 것을 깨닫고 더 이상 강권하지 않는다. 따라서 16-17절은 룻

의 나오미에 대한 말이 기록되어 있고, 18절에서는 그 결과를 산문 형식으로 기록하고 있다. 16-17절의 룻의 분위기는 동요하는 분위기이며, 이것은 앞에 기록된 나오미의 차분한 분위기와 사뭇 다르다.

특히 신학적으로 16-18절은 개종을 보여주며, 율법이 이방인에 의해서도 지켜지는 것을 보여주는 아주 중요한 구절이다.

16 וַתֹּאמֶר רוּת אַל־תִּפְגְּעִי־בִי לְעָזְבֵךְ לָשׁוּב מֵאַחֲרָיִךְ כִּי אֶל־אֲשֶׁר תֵּלְכִי אֵלֵךְ וּבַאֲשֶׁר תָּלִינִי אָלִין עַמֵּךְ עַמִּי וֵאלֹהַיִךְ אֱלֹהָי:

16 바토메르 룻 알-티프게이-비 레아즈베크 라슈브 메아하라이크 키 엘-아쉐르 텔키 엘레크 우바아쉐르 탈리니 알린 아메크 아미 베로하이크 엘로하이

16 룻이 가로되 나로 어머니를 떠나며 어머니를 따르지 말고 돌아가라 강권하지 마옵소서 어머니께서 가시는 곳에 나도 가고 어머니께서 유숙하시는 곳에서 나도 유숙하겠나이다 어머니의 백성이 나의 백성이 되고 어머니의 하나님이 나의 하나님이 되시리니

16절에서 룻은 어머니와 여호와께 헌신할 것을 말한다. 이것을 통해 룻의 관대함을 본다.[61] 룻은 여호와와 나오미를 분리할 수 없음을 알고 있다.

---

61) H. Gunkel, "Ruth," *Reden und Aufsätze* (Göttingen: Vandenhoeck & Ruprecht, 1913), p. 67.

본문에서 룻은 이스라엘의 하나님을 자신의 하나님으로 받아들이 겠다고 말한다. **어머니의 백성이 나의 백성이 되고 어머니의 하나님이 나의 하나님이 되시리니**(아메크 암미 베로하이크 엘로하이, עמך עמי ואלהיך אלהי)라는 룻의 말을 통하여 하나님에 대한 헌신은 백성에 대한 헌신을 통하여 이루어짐을 나타낸다. **62)** 이러한 생각은 스가랴 8:23의 "하나님이 너희와 함께 하심을 들었나니 우리가 너희와 함께 가려 하노라 하리라 하시니라"에서도 발견할 수 있다. 즉 하나님에 대한 헌신은 곧 이스라엘 백성과 함께함을 통하여 나타날 수 있음을 말하고 있다. 따라서 이 구절들은 종교와 민족의 동일시함을 발견할 수 있다. 과거의 이방인이었던 자가 나오미, 보아스 그리고 그녀가 받아들인 민족을 위하여 하나님의 자비와 사랑을 베푸는 역할을 하는 것이다. **어머니의 백성이 나의 백성이 되고 어머니의 하나님이 나의 하나님이 되시리니라**는 표현은 하나님과 이스라엘 백성 사이에 계약관계를 나타낼 때 사용하는 표현양식과 매우 유사하다. 즉 '여호와는 이스라엘의 하나님이 되고, 이스라엘은 여호와의 백성이 된다'는 것과 같은 구조로 형성된 표현이다.

16절에서 룻의 선택은 마치 아브라함의 선택과 같이 자신의 나라, 부모, 자신이 숭배하던 신들의 안전함을 모두 떠나 적국과 적국의 신들을 택한 것이다. 아브라함은 하나님의 명령에 의한 것이었지만 룻

62) A. LaCocque, *Ruth*, p. 52.

은 자신의 결단에 의한 것이었다.

17 בְּאֲשֶׁר תָּמוּתִי אָמוּת וְשָׁם אֶקָּבֵר כֹּה יַעֲשֶׂה יְהוָה לִי וְכֹה
יֹסִיף כִּי הַמָּוֶת יַפְרִיד בֵּינִי וּבֵינֵךְ׃

17 바아쉐르 타마우티 아무트 베샴 에카베르 코 야아세 아도나이 리 베코 요시프
키 하마베트 야프리드 베이니 우베이네크

17 어머니께서 죽으시는 곳에서 나도 죽어 거기 장사될 것이라 만일 내
가 죽는 일 외에 어머니와 떠나면 여호와께서 내게 벌을 내리시고
더 내리시기를 원하나이다

17절에서 룻은 시어머니 나오미와 같은 곳에 묻히게 될 것을 암시
하고 있다. 더 나아가 시어머니가 죽어도 자신은 모압으로 돌아가지
않겠다고 약속하고 있다.

고대 이스라엘에서 조상에게 묻힌다는 것은 매우 중요한 전통이었
다. 창세기 50:13, 24-26, 여호수아 24:32 등에 매장에 관한 풍습이 기
록되어 있다. 따라서 룻이 **어머니께서 죽으시는 곳에서 나도 죽어 거기
장사될 것이라**(바아쉐르 타마우티 아무트 베샴 에카베르, בְּאֲשֶׁר תָּמוּתִי אָמוּת וְשָׁם אֶקָּבֵר)
는 구절을 통하여 룻은 개종을 통하여 새로운 백성과 하나님을 얻게
되었을 뿐만 아니라 새로운 조상을 얻게 되었음을 보여준다.

17절은 룻의 맹세를 기록하는 것으로 계약 체결과 같은 형식으로

이루어졌다.**63)** 그러나 우리말 성경에서는 이러한 문학적 특징이 정확하게 번역되지 못하였다. **만일 내가 죽는 일 외에 어머니와 떠나면 여호와께서 내게 벌을 내리시고 더 내리시기를 원하나이다**의 의미는 '여호와께 맹세하건대 오직 죽음만이 나와 당신(어머니) 사이를 갈라놓을 수 있습니다' 이다. 즉 '나와 당신 사이' (베이니 우베이네크, ביני וביניך)라는 전형적인 계약의 형식은 열왕기서(왕상 2:23, 19:2, 20:10; 왕하 6:31)와 사무엘서(삼상 3:17, 14:44, 20:13; 삼하 3:9, 35, 19:14)에서 많이 발견된다.

18 ותרא כי־מתא מצת היא ללכת אתה ותחדל לדבר אליה:

18 바테레 카−미트아메쩨트 히 랄레케트 이타 바테헤달 레다베르 엘레이하

18 나오미가 룻의 자기와 함께 가기로 굳게 결심함을 보고 그에게 말하기를 그치니라

18절은 룻의 맹세를 듣고 나오미가 더 이상 설득하기를 그쳤다고 기록하고 있다.

룻기 1:16-17에서는 룻이 모압의 신 그모스를 섬기는 것에서 나오미의 하나님인 여호와를 섬기기로 개종을 결단하였다고 소개한다. 개종에 대하여 구약성경에서는 여러 곳에서 언급하고 있다. 신명기 23:7-8에 의하면 "너는 에돔 사람을 미워하지 말라 그는 네 형제임이

63) J.M. Sasson, *Ruth*, p. 30.

니라. 애굽 사람을 미워하지 말라 네가 그의 땅에서 객이 되었음이니
라 그들의 삼 대 후 자손은 여호와의 총회에 들어올 수 있느니라"는
구절을 통하여 이방인 가운데 이스라엘 사람들의 총회에 들어올 수
있음을 보여주고 있다. 뿐만 아니라 예레미야 3:1-4:4에 의하면 개종
은 하나님이 인간의 마음을 바꾸실 때 가능하다고 생각했다(3:1-4:4).

이처럼 나오미가 룻의 굳은 결심을 보고 더 이상 말을 그친 것은
아마도 민수기 30:9의 "과부나 이혼 당한 여자의 서원이나 그가 결심
한 모든 서약은 지킬 것이니라"는 말씀에 근거한 것으로 이해할 수
있다. 따라서 나오미는 룻의 결심을 그대로 지킬 수 있도록 아무 말
도 하지 않는다.

핵심 메시지
● 믿음이란 죽음 이외의 어떤 이유로도 하나님을 떠나지 않는 것이다.

룻기 1:19-22

1:19-22는 나오미와 룻의 베들레헴 귀환에 대하여 기록하고 있다.

19 וַתֵּלַכְנָה שְׁתֵּיהֶם עַד־בֹּאָנָה בֵּית לֶחֶם וַיְהִי כְּבֹאָנָה בֵּית
לֶחֶם וַתֵּהֹם כָּל־הָעִיר עֲלֵיהֶן וַתֹּאמַרְנָה הֲזֹאת נָעֳמִי:

¹⁹ 바텔라크나 슈테이헴 아드―보아나 베이트 라헴 바여히 케보아나 베이트 레헴
바테홈 콜―하이르 알레이헨 바토마르나 하조트 노오미

¹⁹ 이에 그 두 사람이 행하여 베들레헴까지 이르니라 베들레헴에 이를 때
에 온 성읍이 그들을 인하여 떠들며 이르기를 이가 나오미냐 하는지라

19절에서 **두 사람**(문자적인 의미는 '그들 가운데 두 사람'이다) 즉 나오미와
룻이 베들레헴에 도착하였을 때 베들레헴 사람들은 나오미에게 **이
가 나오미냐**(하조트 노오미, הֲזֹאת נָעֳמִי)라고 말한 것은 나오미를 만난 기쁨
의 표현이었다. **이가 나오미냐**를 평어체로 풀면 '너 나오미구나!' 이
다. **온 성읍이 떠들며**(테홈 콜-하-이르, וַתֵּהֹם כָּל־הָעִיר)의 의미는 '온 성이 미
쳐 날뛰다'의 의미이다. 히브리어 동사 √הום의 니프알 형태(수동태)
의 의미는 '(기쁨으로) 미쳐 날뛰다'(to go wild)이다. 이처럼 히브리어
동사 √הום가 사용되는 예를 보면 이스라엘 백성들이 블레셋과 전쟁
할 때 실로에 있던 법궤가 이스라엘 진영으로 들어올 때 이스라엘 군

인들이 큰 소리를 지름으로 땅이 울렸을 때 사용되었다(삼상 4:5). 또한 다윗의 아들 아도니야가 기혼샘에서 왕으로 즉위하였을 때 백성들이 즐거워하여 땅이 진동하였을 때도 히브리어 동사 √הום동사를 사용한다(왕상 1:45). 따라서 나오미와 룻이 귀환하였을 때 베들레헴 사람들이 그들로 인하여 떠들었다는 것은 나오미의 귀환을 매우 반기며 기뻐했다는 것이다. 따라서 19절은 베들레헴 사람들이 나오미와 룻을 기쁨으로 맞이하였다는 것을 소개하고 있다.

20 וַתֹּאמֶר אֲלֵיהֶן אַל־תִּקְרֶאנָה לִי נָעֳמִי קְרֶאןָ לִי מָרָא כִּי־הֵמַר
שַׁדַּי לִי מְאֹד:

20 바토메르 알레이헨 알-티크레나 리 노오미 크레나 리 마라 카-헤마르 샤다이 리 메오드

20 나오미가 그들에게 이르되 나를 나오미라 칭하지 말고 마라라 칭하라 이는 전능자가 나를 심히 괴롭게 하셨음이니라

20절에서 나오미는 자신의 이름을 **마라**(מרא)라고 부르라고 말한다. **마라**는 히브리어로 "(맛이) 씀"(bitter)의 의미이다. 20절에서 나오미는 자신이 겪는 인생의 고통은 하나님이 주신 것임을 분명히 밝히고 있다. 그런데 왜 하나님께서 나오미를 괴롭게 하는지 그 이유에 대해서는 언급하고 있지 않다.

21 אני מלאה הלכתי וריקם השיבני יהוה למה תקראנה לי

נעמי ויהוה ענה בי ושדי הרע לי:

21 아니 믈레아 할라크티 베레이캄 헤쉬바니 아도나이 라마 티크레나 리 노오미
바아도나이 아나 비 베샤다이 헤라아 리

21 내가 풍족하게 나갔더니 여호와께서 나로 비어 돌아오게 하셨느니
라 여호와께서 나를 징벌하셨고 전능자가 나를 괴롭게 하셨거늘 너
희가 어찌 나를 나오미라 칭하느뇨 하니라

21절에서 나오미는 자신의 고난이 여호와로부터 말미암았을 표현
하고 있다. 이러한 인과응보적인 생각은 예레미야애가나 욥기에서
도 쉽게 발견된다. **풍족하게 나갔더니**(아니 믈레아 할라크티, אני מלאה הלכתי)
라는 표현은 경제적인 측면에서 풍족하다는 의미는 아니다. 왜냐하
면 베들레헴에 가뭄이 들어 이를 피하기 위하여 모압으로 갔기 때문
이다. 나오미가 모압으로 갈 때 그녀에게 풍부했던 것은 가족, 즉 남
편과 두 아들이었다. 히브리어 표현 가운데 믈레아('풍족하게'로 번역됨)
는 임신한 여인을 베베텐 믈레아(בבטן המלא)(전 11:5)라고 부른다. 따라
서 **풍족하게 나갔더니**의 의미는 나오미가 남편과 아들과 함께 즉 완전
한 가족으로 나갔다는 뜻이다. **비어 돌아오게**의 의미는 '남편과 아들
없이 돌아왔다'는 뜻이다. 본문에서 풍족하게 나간 것은 나오미가
주체가 되어 한 행동이지만 그러나 비어 돌아오게 한 주체는 여호와

이다. **여호와께서 나를 징벌하셨고**(바아도나이 아나 비, ויהוה ענה בי)는 '여호와께서 나를 시험하셨다'(YHWH testified against me)의 의미이다. 왜냐하면 히브리어 동사 아나(ענה)가 전치사 베(ב)와 결합하면 '시험하다'(to testify)의 의미를 갖는다(창 30:33, 민 35:30, 삼상 12:3, 삼하 1:16, 미 6:3 등). 따라서 나오미는 자신의 괴로움이 죄에 의한 징벌이 아니라 자신을 시험하시기 위함이라는 것을 깨달았다.

21절의 의미는 "내가 완전한 (가족으로) 나갔더니 여호와께서 (가족) 없이 돌아오게 하였다. 너희들이 왜 나를 나오미라 부르는가? 여호와께서 나를 시험하셨다. 전능자가 나를 괴롭게 하셨다"이다.

ותשב נעמי ורות המואביה כלתה עמה השבה משדי מואב 22
והמה באו בית לחם בתחלת קציר שערים:

22 바타샤브 노오미 베룻 하모아비야 칼라타 이마 하샤바 미스데 모압 베헤마 바우 베이트 레헴 비테히라트 크찌르 스오림

22 나오미가 모압 지방에서 그 자부 모압 여인 룻과 함께 돌아왔는데 그들이 보리 추수 시작할 때에 베들레헴에 이르렀더라

22절에는 나오미가 돌아왔을 때가 보리 추수 시기임을 밝힌다. 이러한 부분은 앞으로 2-3장에서 벌어질 일의 시간적 배경이 된다.

자부로 번역된 히브리어 칼라(כלה)는 "신부"(사 49:18, 61:10, 62:5, 렘

게젤 달력

2:32, 7:34, 16:9, 25:10, 33:11, 아가 4:8-12, 5:1)를 뜻하기도 하고, "며느리"(창 11:31, 38:11, 16, 24, 레 18:15, 20:12, 삼상 4:19, 겔 22:11, 호 4:13-14, 미 7:6, 룻 1:6-8, 22, 2:20, 22, 4:15, 대상 2:4)를 뜻하기도 한다. 본문에서는 이미 결혼한 룻에 대한 명칭이기 때문에 '자부' 혹은 '며느리'로 번역해야 한다(참고 1:7).

고대 이스라엘에서 보리는 밀과 함께 매우 중요한 곡식 가운데 하나였다. 고대 이스라엘의 농사에 관한 월력이 발견되었는데, 게젤 달력(Gazer Calendar)은 주전 10세기경 히브리어로 기록된 것으로 1908년 발견되었다. **64)** 이 달력에는 월별로 농사에서 무엇을 해야 하는지 상세히 기록되어 있다.

두 달은 [포도와 올리브] 수확[의 달]. 두 달은 [곡식] 파종[의 달]. 두 달은 늦 파종[의 달]. 한 달은 아마를 저미는[달]. 한 달은 보리 추수[의 달]. 한 달은 추수하고 계산[하는 달]. 두 달은 가지치기[하는 달]. 한 달은 여름 과실 [추수]의 달. 아비야(Abiya).

64) *CS II*, p. 222.

핵심 메시지

● 풍족하게 나갔다가 텅빈 채로 돌아온 것도 하나님에 의한 것임을
말함으로써 그녀는 하나님의 주권을 높인다.

룻기 1장의 신학적 주제

룻기 1장에서 몇 가지 중요한 신학적 주제를 발견할 수 있다.

첫째, 룻기 1장에서 강조되어 사용되는 단어는 √שוב이다(6, 10, 11-
12, 15, 16, 21, 22). 모압 평지에서 베들레헴으로 돌아가는 것을 강조하
고 있다. 나오미는 남편과 아들들과 함께 모압 평지로 갔지만 여호와
께서 남편과 아들들을 잃게 하고 다시 베들레헴으로 돌아오게 하셨
다고 한다. 이것에 관해 그녀는 하나님께서 자신을 시험하시는 것으
로 이해하였다(21절).

둘째, 엘리멜렉을 따라 나오미가 베들레헴에서 모압 평지로 갔다
가 다시 베들레헴으로 돌아오는 과정이 바로 하나님에 의하여 된 일
로 고백함으로써 하나님의 주권이 강조되고 있다.

셋째, 이방 여인을 축복하는 보편주의적 사고가 발견된다.

넷째, 이방인도 여호와를 섬길 수 있다는 개종의 사상이 발견된다.

룻기
제2장

The Book of Ruth

룻기 2장

룻기 2장은 나오미와 룻이 베들레헴에 도착하여 들판에서 보아스를 만나는 새로운 역사의 시작을 기록하고 있다. 뿐만 아니라 새로운 등장인물인 보아스와의 관계가 주된 이야기임을 밝히고 있다. 2장에서 주로 발견되는 것은 보아스의 은혜를 입는 룻에 대한 기록이다.

룻기 2장의 내용은 크게 네 부분으로 나눌 수 있다.

첫째, 나오미와 룻의 짧은 대화로 룻이 들판에 이삭을 줍기 위해 나가려는 계획에 관한 언급이다(2:1-2).

둘째, 들판에서 룻과 보아스의 만남의 이야기이다(2:3-17).

셋째, 룻이 이삭을 주워 나오미에게 돌아가서 그것을 보여주는 내용이다(2:18).

넷째, 이삭을 주워 돌아온 룻이 나오미와 나누는 대화이다(2:19-23).

룻기 2:1-2

2:1-2는 나오미와 룻의 대화로서 룻이 이삭을 주우러 들판에 나가려는 계획에 대하여 언급하고 있다.

1 וּלְנָעֳמִי מידע לְאִישָׁהּ אִישׁ גִּבּוֹר חַיִל מִמִּשׁ פַּחַת פֶּחַת אֱלִימֶלֶךְ
וּשְׁמוֹ בֹּעַז

1 우레노오미 모다아 레이샤 이쉬 기보르 하일 미미쉬파하트 엘리멜렉 우슈모 보아즈

1 나오미의 남편 엘리멜렉의 친족 중 유력한 자가 있으니 이름은 보아스더라

2:1은 새로운 등장인물 보아스(בֹּעַז)에 대하여 소개한다. 보아스의 두 가지 면에 대해 집중하여 설명하는데, 그가 바로 엘리멜렉의 친척이며 **유력한 자**(이쉬 기보르 하일, אִישׁ גִּבּוֹר חַיִל)라는 것이다. 엘리멜렉의 친척이라는 사실은 룻기 3:13과 4:4의 근거가 된다. 히브리어 하일(חַיִל)은 사람의 능력, 재산이나 부, 군대를 의미하는 단어로 **유력한 자**란 '모든 면에서 능력이 있는 자' 란 뜻이다. 사무엘상 14:52에서는 기보르 하일(גִּבּוֹר חַיִל)을 '힘 있는 자' 로 번역하여 군사적인 측면을 강조하였다.

보아스(בֹּעַז)는 룻기와 유다의 족보에만 등장한다. 보아스는 **엘리멜**

렉의 친족(미쉬파하트 엘리멜렉, מִשְׁפַּחַת אֱלִימֶלֶךְ)으로 소개하고 있다. 즉 보아스는 엘리멜렉의 가문에 속하는 사람이란 뜻이다. 히브리어 미쉬파하(מִשְׁפָּחָה)의 의미는 '넓은 의미의 가족'을 뜻하는 "부족"(clan)을 의미한다(신 29:17, 수 6:23, 7:14 등).

בַּשִׁבֳּלִים אַחַר אֲשֶׁר אֶמְצָא־חֵן בְּעֵינָיו וַתֹּאמֶר לָהּ לְכִי בִתִּי: 2 וַתֹּאמֶר רוּת הַמּוֹאֲבִיָּה אֶל־נָעֳמִי אֵלְכָה־נָּא הַשָּׂדֶה וַאֲלַקֳטָה

2 바토메르 룻 하모아비야 엘-노오미 엘카-나아 하사데 바알라카타 바쉬발림 아하르 아쉐르 엠짜-헨 베에이나브 바토메르 라 레키 비티

2 모압 여인 룻이 나오미에게 이르되 나로 밭에 가게 하소서 내가 뉘게 은혜를 입으면 그를 따라서 이삭을 줍겠나이다 나오미가 그에게 이르되 내 딸아 갈지어다 하매

2절은 룻기 2장에서 가장 중요한 부분이다. 룻이 밭에 나가 이삭을 줍기로 결정함으로써 보아스를 만나는 계기가 되었다.

아직까지 룻은 **모압 여인**(하모아비야, הַמּוֹאֲבִיָּה)이란 호칭으로 불리고 있었다. 룻기 전체에서 모압 여인이라는 표현은 일곱 번 등장한다(1:22, 2:2, 21, 4:5, 10 등). 이처럼 룻이 이방 여인이라는 사실을 강조하는 것은 이방 여인으로서 유대인의 회중에 들게 되었다는 사실을 보여주기 위함이다. 따라서 이미 1:22에서 룻을 모압 여인으로 묘사했음에도

다시 2:2에서 모압 여인이라는 사실을 강조하는 것은 독자들에게 룻이 모압 여인, 즉 이방인임을 강조하기 위한 것이다.

내가 뉘게 은혜를 입으면(아하르 아쉐르 엠짜-헨 베에이나브, אחר אשר אמצא־חן בעיניו)의 의미는 "내가 그들의 눈에 은혜를 발견한 후에"라는 뜻이다. 은혜를 뜻하는 히브리어 헨(חן)의 의미는 "은혜"(grace), "자비"(charm), 혹은 "호의"(favour)이다.**65)**

룻이 나오미에게 **이삭을 줍겠나이다**(바알라카타 바쉬발림, ואלקטה בשבלים)라고 말하는 것은 레위기 19:9-10, 23:22 신명기 24:19-22의 규정을 따른 것이다.

레위기 19장 9-10절

너희가 너희의 땅에서 곡식을 거둘 때에 너는 밭모퉁이까지 다 거두지 말고 네 떨어진 이삭도 줍지 말며 네 포도원의 열매를 다 따지 말며 네 포도원에 떨어진 열매도 줍지 말고 가난한 사람과 거류민을 위하여 버려두라 나는 너희의 하나님 여호와이니라.

이처럼 이삭을 주울 수 있는 가난한 사람들은 일반적으로 자신의 토지가 없고, 단지 자신의 노동력을 팔아서 생계를 유지하는 자들을 의미한다.**66)**

---

65) *HALOT*, p. 332.
66) 김영진, 『너희는 거룩하라』(서울: 이레서원, 2009), p. 316.

그런데 궁금한 점은 룻이 어떻게 이스라엘 백성들의 율법을 알았는가 하는 것이다.

핵심 메시지
- 사회적, 경제적 소외층에게 필요한 것은 다른 사람들의 은혜 혹은 자비로움이다.

룻기 2:3-17

2:3-17은 룻이 들판에서 보아스를 만나는 것에 대하여 다루고 있다.

3 ותלך ותבוא ותלקט בשדה אחרי הקצרים ויקר מקרה חלקת השדה לבעז אשר ממש פחת אלימלך:

3 바텔렉 바타보 바텔라케트 바사데 아하레이 하코쯔림 바이켈 미크레하 헬카트 하사데 레보아즈 아쉐르 미미쉬파하트 엘리멜렉

3 룻이 가서 베는 자를 따라 밭에서 이삭을 줍는데 우연히 엘리멜렉의 친족 보아스에게 속한 밭에 이르렀더라

3절에서 룻이 **우연히**(바이켈 미크레하, ויקר מקרה) 보아스의 밭에서 이삭

을 주었다고 기록하고 있다. 이처럼 룻기에서는 룻과 보아스의 만남을 우연한 만남, 즉 하나님께서 인도하신 만남이라고 강조한다. 따라서 이러한 표현으로부터 많은 주석가들은 룻기의 신학을 찾는다.[67]

베는 자(코쯔림, קֹצְרִים)는 '추수하는 자' 란 뜻이다. 이 말에는 '이삭을 베는 자' 혹은 '이삭을 모으는 자' 라는 의미를 모두 내포하고 있다.[68]

이삭을 줍는데(리케트, לְקֵּט)를 표현한 히브리어 단어 리케트는 룻기 2:3에서만 '이삭을 줍다' 의 의미로 사용되었으며, 본래 어근은 '모으다' 의 의미를 가지고 있다.

보아스는 엘리멜렉의 가족이다. **보아스**(보아즈, בֹעַז)라는 이름의 정확한 의미를 알 수는 없지만, 노트(M. Noth)는 그의 이름과 아랍어와의 관련성을 제시하면서 보아스란 '살아 있는,' '기분이 좋은' 의 뜻이 있다고 주장한다.[69] 반면에 또 다른 부류의 학자들은 보아스를 솔로몬 성전의 두 기둥이었던 야긴(Yakin)과 보아스(Boaz)에서 유래했다고 주장하기도 한다.[70] 그러나 후바드(R. L. Hubbard Jr.)는 보아스(בֹעַז)는 히브리어 전치사 베(ב)와 오즈(עַז)가 결합된 이름으로 그 의미는 "힘이

---

67) R. M. Hals, *The Theology of the Book of Ruth*, (Philadelphia: 1969), pp. 11-12.

68) J. de Waard and E.A. Nida, *The Book of Ruth*, (New York: United Bible Societies, 1992), p. 25.

69) M. Noth, *Die Israelitischen Personennamen im Ralmen der gemeinsemitischen Namengebung*, (Stuttgart, 1928), p. 228.

70) J. M. Sasson, *Ruth: A New Translation with a Philological Commentary and a Formalist-Folklorist Interpretation*, 2nd Edition, pp. 40-41.

있는"(in the strength of)이란 의미이지, 솔로몬 성전의 보아스와는 관련이 없다고 주장한다.[71] 이처럼 보아스에 관한 여러 가지 주장이 있지만 어느 한 주장이 옳다고 할 수 없다.

우연히(미그레, מקרה)는 들판에서 보아스를 만나는 사건이 아무런 의도 없이 일어난 일, 즉 하나님의 개입을 나타내는 표현이다. 예를 들어 사무엘상 20:26에서 사울은 다윗이 식사자리에 불참한 것에 대하여 "그에게 무슨 사고가 있어서" 참석하지 못한 것으로 이해한다. 즉 다윗이 어떤 의도가 있어서 참석하지 않은 것이 아니라는 것이다. '우연히' 라는 단어에는 긍정적인 측면과 부정적인 측면 모두가 포함되어 있다. 룻기 2:3에서도 룻이 보아스의 들판에서 이삭을 줍게 된 것이 우연이지 어떤 의도에 의한 것이 아니라는 것을 분명히 밝히고 있다. 따라서 룻기의 저자는 룻에게 좋은 행운이 임하였음을 강조한다.[72]

~에게 속한 밭(헬카트 하사데 레~, חלקת השדה ל)이란 표현은 재산권에 관한 법에서 많이 사용되는 용어로 '어떤 재산이 특정인에게 속한 것'임을 나타낼 때 많이 사용되었다(왕하 9:25). 따라서 룻기 2:3에서는 이 밭이 보아스에게 속한 것임을 보여준다.

71) R.L. Hubbard Jr., *The Book of Ruth*, pp. 134-135.
72) R.L. Hubbard Jr., *The Book of Ruth*, p. 141.

4 וְהִנֵּה־בֹעַז בָּא מִבֵּית לֶחֶם וַיֹּאמֶר לַקּוֹצְרִים יְהוָה עִמָּכֶם וַיֹּאמְרוּ לוֹ יְבָרֶכְךָ יְהוָה:

4 베히네-보아즈 바 미베이트 레헴 바요메르 라코쯔림 아도나이 이마켐 바요므루 로 여바레크카 아도나이

4 마침 보아스가 베들레헴에서부터 와서 베는 자들에게 이르되 여호와께서 너희와 함께 하시기를 원하노라 그들이 대답하되 여호와께서 당신에게 복 주시기를 원하나이다

2:4는 보아스가 추수의 상황을 점검하기 위하여 베들레헴에서 밭으로 와서 추수하는 자들에게 인사하며 나누는 대화 가운데 속하는 내용 가운데 일부이다.

마침(히네, הִנֵּה)은 기대하지 않던 일이 일어났음을 말하고 있다. 따라서 3절에서 룻이 우연히 보아스의 밭에서 이삭을 줍는 것과 결합되어 룻과 보아스의 만남은 어떤 사람의 의도에 의한 것이 아니라 우연한 만남으로 하나님이 인도하신 만남임을 보여주고 있다.

베들레헴에서부터 와서라는 말의 의미는 보아스가 베들레헴 성읍에서 베들레헴 근처의 들판으로 왔다는 뜻이다.

여기에서 인사하는 보아스의 모습을 통해 그가 얼마나 경건한 하나님의 사람인가를 알 수 있다.[73] 보아스는 추수하는 자들에게 축복

---

73) A. LaCocque, *Ruth*, p. 65.

을 한다. 그는 여호와께서 추수하는 자들과 함께하시기를 기원하였고, 이에 대하여 추수하는 자들은 보아스에게 여호와께서 복을 주시기를 기원했다. 그런데 보아스가 추수하는 자들에게 인사했던 **여호와께서 너희와 함께 하시기를 원하노라**는 인사는 주로 추수 때 나누는 인사였던 것으로 보인다. 사사기 6:12에서도 여호와의 사자가 기드온에게 "여호와께서 너와 함께 계시도다"라는 인사를 한다. 사사기 6:12의 배경 역시 추수 때이다. 본문을 통하여 '여호와께서 함께 하심' 이 곧 축복임을 이해할 수 있다.

구약성경에는 다른 이들에게 복을 빌어주는 경우가 있다. 창세기 27:27-29에 의하면 이삭이 야곱을 축복하여 이르기를 "그가 가까이 가서 그에게 입맞추니 아버지가 그의 옷의 향취를 맡고 그에게 축복하여 이르되 내 아들의 향취는 여호와께서 복 주신 밭의 향취로다. 하나님은 하늘의 이슬과 땅의 기름짐이며 풍성한 곡식과 포도주를 네게 주시기를 원하노라. 만민이 너를 섬기고 열국이 네게 굴복하리니 네가 형제들의 주가 되고 네 어머니의 아들들이 네게 굴복하며 너를 저주하는 자는 저주를 받고 너를 축복하는 자는 복을 받기를 원하노라"고 축복한다. 룻기 2:20에서 나오미는 보아스를 향해 "그가 여호와로부터 복 받기를 원하노라"라고 축복한다. 또한 3:10에서 나오미는 룻에게 "여호와께서 네게 복 주시기를 원하노라"라고 축복한다. 시편 129:8에서는 "여호와의 복이 너희에게 있을지어다"라고 축복한다.

5 וַיֹּאמֶר בֹּעַז לְנַעֲרוֹ הַנִּצָּב עַל־הַקּוֹצְרִים לְמִי הַנַּעֲרָה הַזֹּאת׃

⁵ 바요메르 보아즈 레나아로 하니짜브 알–하코쯔림 레미 하나아라 하조트

⁵ 보아스가 베는 자들을 거느린 사환에게 이르되 이는 뉘 소녀냐

2:5은 보아스가 룻을 처음 만나는 광경을 묘사하고 있다. 보아스는 자신의 사환에게 룻에 대하여 묻는다.

보아스의 첫 마디 **이는 뉘 소녀냐**(레미 하나아라 하조트, לְמִי הַנַּעֲרָה הַזֹּאת)는 '누구에게 속한 소녀(처자)인가'를 묻는 것이다. 이렇게 묻는 것은 보아스가 룻을 어떤 주인에게 속한 종으로 이해한 것이다. 그렇게 때문에 히브리어 **레미**("~에게 속한 자" לְמִי)로 묻는다. 이러한 질문은 룻의 신분을 묻는 질문이다.

사환(나아르, נַעַר)으로 번역된 히브리어의 의미는 사환보다는 '종' 혹은 '관리'(servant, attendant)의 의미이다. 그리고 한글로는 번역되지 않는 히브리어 니짜브(נִצָּב)의 의미는 '감독관'이다. 특히 니짜브(נִצָּב)가 전치사 알(עַל)과 함께 사용될 때 그 의미는 '감독관'(supervisor)이다.[74] 따라서 본문에서의 **베는 자들을 거느린 사환**의 의미는 '추수하는 자들의 감독관인 그의 종(관리)'란 뜻이다.

---

74) *HALOT*, p. 715.

6 וַיַּעַן הַנַּעַר הַנִּצָּב עַל־הַקּוֹצְרִים וַיֹּאמַר נַעֲרָה מוֹאֲבִיָּה הִיא
הַשָּׁבָה עִם־נָעֳמִי מִשְּׂדֵה מוֹאָב:

6 바야안 하나아르 하니짜브 알–하코쯔림 바요마르 나아라 모아비야 히 하샤바

임 노오미 미스데 모압

6 베는 자를 거느린 사환이 대답하여 가로되 이는 나오미와 함께 모압

지방에서 돌아온 모압 소녀인데

2:6은 추수하는 자들의 감독관이 보아스에게 룻에 대하여 설명하고 있다. 감독관은 룻의 민족성을 언급한다. 즉 모압 처녀(나아라 모아비야, נַעֲרָה מוֹאֲבִיָּה)임을 밝힌다. 이것은 이스라엘 사람들이 룻을 비하하거나,[75] 이방여인임을 강조하는 것이다. 이 대답은 두 가지 사실을 강조한다. 룻이 모압 여인이며, 나오미와 함께 모압 평지에서 온 자라는 사실이다. 즉 룻이 이방인이며 미망인이라는 점을 강조하고 있다. 이러한 사실은 앞으로 룻기의 이야기 전개에서 매우 중요한 요인으로 작용한다.

이 대답을 들은 보아스는 룻이 자신과 친척관계에 있음을 알았을 것이다. 왜냐하면 보아스는 나오미가 자신과 친척관계임을 알고 있었기 때문에 나오미와 함께 돌아온 룻도 자신과 친척관계에 있음을

---

75) C. Pressler, *Joshua, Judges, and Ruth*, (Louisville · London: Westminster John Knox Press, 2002), p. 279.

알았다. 뿐만 아니라 보아스는 룻에게는 소유가 없을 뿐만 아니라 남편이나 자녀도 없다는 사실을 알았다. 왜냐하면 보아스도 이미 나오미에 관한 소식을 들었기 때문이다. 이러한 사실은 룻기 2:11에서 알 수 있다.

7 ותאמר אלקטה־נא ואספתי בעמרים אחרי הקוצרים ותבוא ותעמוד מאז הבקר ועד־עתה זה שבתה הבית מעט:

7 바토메르 알라카타-나아 베아사프티 바아마림 아하레이 하코쯔림 바타보 바타 아모드 메아즈 하보케르 베아드 아타 제 쉬브타 하바이트 메아트

7 그의 말이 나로 베는 자를 따라 단 사이에서 이삭을 줍게 하소서 하였고 아침부터 와서는 잠시 집에서 쉰 외에 지금까지 계속하는 중이니이다

2:7 상반절에는 룻이 추수하는 자의 감독관에게 요청한 내용을 기록하고 있으며, 7절 하반절에는 감독관이 관찰한 룻의 일하는 자세를 보고하고 있다.

단 사이에서 **이삭을 줍게 하소서**(알라카타-나아 베아사프티 바아마림, אלקטה־נא ואספתי בעמרים)의 의미는 '이삭을 주워 모으게 하소서'(Please let me glean and gather)이다. 이삭을 줍는 규정은 앞에서 언급했듯이 레위기 19:9-10, 23:22, 신명기 24:19-22 등에 기록되어 있다.

　　그런데 룻이 감독관에게 요청한 단 사이에서 이삭을 줍게 해 달라는 것은 이례적인 요청이며, 이를 허락한 것 역시 매우 이례적인 일이다. 왜냐하면 레위기 19:9에 의하면 일반적으로 이삭은 들판(밭)의 모퉁이(페아트 사데, פאת שדה)에서 줍기 때문이다. 이러한 요청을 하는 룻은 수줍은 여인이라기보다 매우 강인하며, 결심이 굳은 여인으로 보인다.[76] 이러한 대화 속에서 보아스가 들판으로 나온 것은 오후쯤으로 추정된다. 룻이 집에서 잠시 쉬고 다시 오후에 일을 하러와 기다리고 있을 때였기 때문이다.

　　7절에서 룻이 감독관에게 단 사이에서 이삭을 줍게 해 달라고 요청하자 감독관이 이에 대하여 허락이나 거부할 수 있는 입장이 아니었기 때문에 밭 주인인 보아스가 올 때까지 기다릴 수 밖에 없었다. 따라서 룻은 계속 서서 기다릴 수 밖에 없었다. 그러다 보아스가 밭에 오고, 보아스가 룻에 관하여 묻자 감독관이 상황을 설명한 것이다. 따라서 **아침부터 와서는 잠시 집에서 쉰 외에 지금까지 계속하는 중이니이다**의 의미는 '아침부터 와서 잠시 집에서 쉰 외에는 지금까지 계속 서 있는 중이니이다' 라는 의미이다.

76) A. LaCocque, *Ruth*, p. 66.

8 וַיֹּאמֶר בֹּעַז אֶל־רוּת הֲלוֹא שָׁמַעַתְּ בִּתִּי אַל־תֵּלְכִי לִלְקֹט בְּשָׂדֶה אַחֵר וְגַם לֹא תַעֲבוּרִי מִזֶּה וְכֹה תִדְבָּקִין עִם־נַעֲרֹתָי:

8 바요메르 보아즈 엘-룻 하로 샤마아트 비티 알-텔키 릴코트 베사데 아헤르 베감 로 타아부리 미제 베코 티드바킨 임-나아로타이

8 보아스가 룻에게 이르되 내 딸아 들으라 이삭을 주우러 다른 밭으로 가지 말며 여기서 떠나지 말고 나의 소녀들과 함께 있으라

2:8은 보아스와 룻의 첫 대화를 기록하고 있다. 보아스는 룻에게 나오미처럼 **내 딸아**라고 부른다. 특히 보아스가 룻을 딸이라고 부르는 것은 둘 사이의 세대적 차이를 강조한다. **여기서 떠나지 말고**(로 타아부리 미제, לֹא תַעֲבוּרִי מִזֶּה)로 번역된 것은 '이것을 어기지 말고' 혹은 '이것을 넘어서지 말고' 라는 의미이다. 즉 보아스가 다른 밭에 가서 이삭을 줍지 말라고 명한 것을 어기지 말라는 뜻이다. **떠나다**라고 번역한 히브리어 아바르(עבר)는 "(경계를) 넘다"(to pass over)는 뜻을 가지고 있기 때문에[77] 본문의 의미는 보아스가 룻에게 자신의 밭의 경계를 넘어서 다른 곳으로 가지 말라는 뜻이다.

함께 있으라(디베크, דבק)는 '합류하다' 의 의미를 가진다. 즉 룻이 자신의 '소녀들과 합류하라' 는 뜻이며, 더 나아가 소녀들과 좋은 관계를 맺으라는 의미이다(참고 1:14).

77) *HALOT*, pp. 778-779.

9 עֵינַיִךְ בַּשָּׂדֶה אֲשֶׁר־יִקְצֹרוּן וְהָלַכְתְּ אַחֲרֵיהֶן הֲלוֹא צִוִּיתִי אֶת־הַנְּעָרִים לְבִלְתִּי נָגְעֵךְ וְצָמִת וְהָלַכְתְּ אֶל־הַכֵּלִים וְשָׁתִית מֵאֲשֶׁר יִשְׁאֲבוּן הַנְּעָרִים׃

9 에이나이크 바사데 아쉐르–이크쪼룬 베할라크트 아하레이헨 하로 찌비티 에트–하느아림 레빌티 나그에크 베짜미트 베할라크트 엘–하켈림 베샤티트 메아쉐르 이쉬아분 하느아림

9 그들의 베는 밭을 보고 그들을 따르라 내가 그 소년들에게 명하여 너를 건드리지 말라 하였느니라 목이 마르거든 그릇에 가서 소년들의 길어 온 것을 마실지니라

2:9에서는 보아스가 룻에게 자비 베푸는 모습을 구체적으로 기록하고 있다. 두 가지 사실이 기록되어 있다. 첫째, 다른 사람들이 룻을 괴롭히지 못하게 했고, 둘째, 다른 사람들이 길어 온 물을 마실 수 있는 권한을 부여하였다.

건드리다(나가아, נגע)는 문자적인 의미인데 그것이 내포하고 있는 의미는 여러 가지로 이해할 수 있다. '폭력적으로 때리다' 는 의미를 갖거나(창 32:26,33, 욥 1:19, 수 8:15), '타격을 가하다' (창 26:11, 29), '성적인 관계를 갖다' (창 20:6, 잠 6:29) 등 다양한 의미를 내포하고 있다. 그러나 15-16절을 근거로 아마도 보아스는 일꾼들이 룻을 괴롭히지 못하도록 명령한 것으로 이해할 수 있다.

룻이 모압 여인이라는 사실은 그 누구에게도 보호받을 수 없는 이방 여인이라는 뜻이다. 따라서 9절을 통해 사회적인 신분을 보장해주는 보아스의 배려를 확인할 수 있다. 게다가 룻이 미망인이라는 사실은 베들레헴의 젊은 청년들에게 있어서 레위기 20:10("누구든지 남의 아내와 간음하는 자 곧 그의 이웃의 아내와 간음하는 자는 그 간부와 음부를 반드시 죽일지니라")이나 신명기 22:22("어떤 남자가 유부녀와 동침한 것이 드러나거든 그 동침한 남자와 그 여자를 둘 다 죽여 이스라엘 중에 악을 제할지니라")의 율법을 어기지 않고 성적인 교류를 나눌 수 있는 여인이었다.[78] 따라서 보아스의 조치는 일꾼들의 괴롭힘으로부터 룻을 보호해주는 구실을 하였다.

목이 마르거든 그릇에 가서 소년들이 길어 온 것을 마실지니라는 목이 마르면 물을 나누어 마시라는 것이다. 구약성경에서 물을 나누어 마시는 주제는 미래의 동반자를 암시하는 표현으로 많이 사용되었다. 창세기 24:29이나 출애굽기 2:15-22의 경우에서도 우물물을 나누어 마심으로써 미래의 동반자로 발전하였다.

8-9절에서 보아스가 룻을 보호해준 사건은 룻에게 있어서는 대단한 일이었다.[79]

---

78) A. LaCocque, *Ruth*, p. 68.

79) C. Pressler, *Joshua, Judges, and Ruth*, p. 280.

10 וַתִּפֹּל עַל־פָּנֶיהָ וַתִּשְׁתַּחוּ אָרְצָה וַתֹּאמֶר אֵלָיו מַדּוּעַ מָצָאתִי
חֵן בְּעֵינֶיךָ לְהַכִּירֵנִי וְאָנֹכִי נָכְרִיָּה:

10 바티폴 알-파네이하 바티쉬타후 아르짜 바토메르 엘라브 마두아 마짜티 헨 베

에이네이카 레하키레니 베아노키 노크리야

10 룻이 땅에 엎드려 절하며 그에게 이르되 나는 이방 여인이어늘 당신

이 어찌하여 내게 은혜를 베푸시며 나를 돌아보시나이까

2:10은 2:7-9에 기록된 보아스의 환대에 대한 룻의 반응이다. 룻이
보아스 앞에 엎드려 절하는 것은 이방인이 이스라엘 사람 앞에 엎드
리는 것으로 마치 느부갓네살 왕이 다니엘 앞에 엎드리는 것과 같은
것이다(단 2:46). **80)**

이방 여인(노크리야, נכריה)에서는 '사회적 보호를 받지 못하는 자'를
뜻하는 '노크리야' 라는 히브리어 단어가 사용되었다. 따라서 구트
만(M. Guttman)은 이방인(노크리 נכרי)은 자신이 태어난 나라와 지속적인
관계를 갖고 있는 사람을 지칭하는 것으로 유다 백성과 전혀 관계없
는 사람들을 뜻한다고 말하였다. **81)** 따라서 구약성경에서 이방인은
객(게르, גר)와 같은 의미이며, 때에 따라서는 이 두 단어가 같이 사용
될 때가 많다(잠 5:20, 27:2).

80) A. LaCocque, *Ruth*, p. 69; idem, *The Book of Daniel* (Atlanta: John Knox, 1979), pp. 53-54.
81) M. Guttman, "The Term 'Foreigner' (נכרי): Historically Considered," *HUCA* 3 (1926): 1-20; M.
Weinfeld, "נכרי," *Encyclopedia Miqrait V*, cols.pp. 866-867 (Hebrew).

그러나 이방인 가운데 사회적 신분을 보장받을 수 있는 부류가 있는데, 그들을 게르(גר)라고 부른다. 게르는 '체류민' 이란 뜻이다. 구약성경에서 게르는 유다 백성과 함께 서술되는 경우가 많았다. 이방인 게르는 유다에 거주한 지 3세대가 지나면 유다의 총회에 속하는 사람으로서 유다의 땅을 소유해도 어떤 종교적 전통적인 문제도 제기되지 않았다(신 23장). 왜냐하면 게르는 유다 사회에서 이스라엘 백성들과 함께 거주하면서 그들과 같은 사회적 지위를 갖기 때문이다. 그들은 유다 백성들과 마찬가지로 종교 제의에 참여하여 그 의무를 행하여야 하며(레 17:8, 10, 13, 22:18; 수 8:33; 신 29:10), 특히 유월절 행사에 참여할 수 있었다(민 9:14, 15:14). 사무엘하 1:13에서 보는 것처럼 그들은 유다 시민으로 유다 왕국의 군대에서 봉사하기도 하였다. 그러나 게르(גר)에게만 땅이 주어지는 것은 문제가 된다.

나는 이방 여인이어늘 당신이 어찌하여 내게 은혜를 베푸시며 나를 돌아보시나이까라는 표현은 신명기 23:3의 모압 사람을 이스라엘의 총회에 받아들이지 못하도록 금하는 규정을 상기하게 한다. 에스라와 느헤미야 시대에는 이방 여인들이 쫓겨나던 시대였다. 이러한 상황을 고려할 때 룻의 이 말은 놀라움을 금하지 못하는 표현이다.

여기서 룻은 보아스에게 히브리어 의문사 마두아('어찌하여,' מדוע)를 사용한다. 이것은 룻이 보아스로부터 자신을 돌보는 이유를 알고 싶어서 질문하는 것이다. 즉 보아스의 의도를 알고 싶어서 질문하는 것

이다. 그러나 같은 의문사라도 라마(למה)를 사용하면 이것은 조금은 질책하는 뉘앙스가 강하다. [82]

11 וַיַּעַן בֹּעַז וַיֹּאמֶר לָהּ הֻגֵּד הֻגַּד לִי כֹּל אֲשֶׁר־עָשִׂית אֶת־חֲמוֹתֵךְ אַחֲרֵי מוֹת אִישֵׁךְ וַתַּעַזְבִי אָבִיךְ וְאִמֵּךְ וְאֶרֶץ מוֹלַדְתֵּךְ וַתֵּלְכִי אֶל־עַם אֲשֶׁר לֹא־יָדַעַתְּ תְּמוֹל שִׁלְשׁוֹם:

11 바야안 보아즈 바요메르 라 후게드 후가드 리 콜 아쉐르-아시트 에트-하모테크 아하레이 모트 이쉐크 바타아즈비 아비크 베이메크 베에레쯔 몰라드테이크 바텔키 엘-암 아쉐르 로-야다아트 트몰 쉴솜

11 보아스가 그에게 대답하여 가로되 네 남편이 죽은 후로 네가 시모에게 행한 모든 것과 네 부모와 고국을 떠나 전에 알지 못하던 백성에게로 온 일이 내게 분명히 들렸느니라

2:11의 보아스의 대답을 통하여 보아스가 룻에게 행한 조치는 즉흥적인 것이 아니라 이미 오래전부터 룻의 선한 행동을 듣고 결정한 것임을 알 수 있다.

고국(에라쯔 몰라드테이크, אֶרֶץ מוֹלַדְתֵּךְ)의 정확한 의미는 '네가 태어난 땅' 이란 뜻이다.

시모(하모트, חֲמוֹת)로 번역된 히브리어 단어는 룻기에만 아홉 번 사용

---

82) R. L. Hubbard Jr., *The Book of Ruth*, p. 160.

되었으며, 룻기를 제외하고는 미가 7:6에 단 한 차례 사용되었다.

전에(트몰 쉴솜, תְּמוֹל שִׁלְשׁוֹם)로 번역된 히브리어 표현은 문자적으로 '어제 그제' 라는 뜻이지만 '전에' (before)라는 의미도 가지고 있다.

네 부모와 고국을 떠나 전에 알지 못하던 백성에게로 온 일이라는 표현은 마치 아브라함이 고향과 친척과 아버지의 집을 떠나는 모습과 같다(창 12:1). 이 표현을 통하여 보아스는 룻이 이방 여인이라는 사실을 다시 한 번 강조하고 있다.**83)**

룻기 2:11에서 보아스는 룻에 관한 룻기 1장의 기록을 단 한 절로 묘사하고 있다.

> 12 יְשַׁלֵּם יְהוָה פׇּעֳלֵךְ וּתְהִי מַשְׂכֻּרְתֵּךְ שְׁלֵמָה מֵעִם יְהוָה אֱלֹהֵי יִשְׂרָאֵל אֲשֶׁר־בָּאת לַחֲסוֹת תַּחַת־כְּנָפָיו׃

12 예샬렘 아도나이 포올레크 우테하이 마스쿠르테크 쉴레마 메임 아도나이 엘로헤이 이스라엘 아쉐르-바트 라하소트 타하트-크나파브

12 여호와께서 네 행한 일을 보응하시기를 원하며 이스라엘의 하나님 여호와께서 그 날개 아래 보호를 받으러 온 네게 온전한 상 주시기를 원하노라

2:12는 보아스가 룻을 축복하는 구절이다. 12절은 룻기 전체의 주제

---

83) K. D. Sakenfeld, *Ruth*, Interpretation, (Louisville: Westminster John Knox Press, 1999), p. 44.

를 한 구절로 축약하는 역할을 한다. 즉 누구든지 여호와께 피하는 자는 축복을 받는다는 내용을 담고 있다. 뿐만 아니라 이방 여인인 룻이 이스라엘의 하나님 여호와의 날개 아래 보호받는다는 것은 개종을 의미한다. 따라서 룻기는 구약성경 가운데 이방인의 개종에 관한 구체적인 과정을 다룬 책이다.

보응(마스코레트, משכרת)으로 번역된 단어의 문자적인 의미는 '급료'(wage)란 뜻이다. 히브리어 마스코레트는 총 네 번 사용되는데 창세기에 세 번(창 29:15, 31:7, 41), 룻기에 한 번 사용된다.[84] 오늘날 현대 히브리어에서 마스코레트는 '월급' 이란 뜻으로 사용된다. 따라서 본문에서의 의미는 행동에 대한 '대가' 혹은 '보응' 의 의미를 가지고 있다.

그 날개(크나파브, כנפיו)는 '여호와에게' (to YHWH)라는 의미가 있다. 따라서 날개는 하나님을 상징적으로 나타낸다. 또한 **보호를 받으러**(라하소트, לחסות)는 '피신하려고' 의 의미이다. **날개**를 뜻하는 히브리어 크나프(כנף)는 날개란 뜻 이외에도 '망토' 혹은 '(가운이나 코트의) 자락' 이란 뜻도 있다. 이러한 사실은 3:9에서 룻이 보아스에게 당신의 망토(혹은 자락)로 덮어줄 것을 요구한 것과 관련이 있다.[85] 고대 근동에서 날개는 일반적으로 신을 의미하며, 고대 이스라엘에서는 여호와 하나님을 의미한다.[86]

---

84) *HALOT* 2, p. 641.
85) C. Pressler, *Joshua, Judges, and Ruth*, pp. 280-281.

12절은 룻기 전체의 주제이다. 보아스가 룻에게 "여호와께서 네 행한 일을 보응하시기를 원하며 이스라엘의 하나님 여호와께서 그 날개 아래 보호를 받으러 온 네게 온전한 상 주시기를 원하노라"는 축복을 한다. 따라서 룻기는 누구든지 여호와의 보호 아래 들어 온 자는 여호와 하나님으로부터 상을 받는다는 것을 보여준다. 2:11-12를 통하여 개종이란 자신이 태어난 고국을 떠나 전혀 알지 못하던 백성의 나라로 옮겨 전에 섬기던 신(神)대신 여호와의 보호를 받는 것을 의미한다.

13 וַתֹּאמֶר אֶמְצָא־חֵן בְּעֵינֶיךָ אֲדֹנִי כִּי נִחַמְתָּנִי וְכִי דִבַּרְתָּ

עַל־לֵב שִׁפְחָתֶךָ וְאָנֹכִי לֹא אֶהְיֶה כְּאַחַת שִׁפְחֹתֶיךָ׃

13 바토메르 엠짜-헨 베에이네이카 아도니 키 니함타니 베키 디바르타 알-레브 쉬프하테카 베아노키 로 에흐예 케아하트 쉬프호테이카

13 룻이 가로되 내 주여 내가 당신께 은혜 입기를 원하나이다 나는 당신의 시녀의 하나와 같지 못하오나 당신이 이 시녀를 위로하시고 마음을 기쁘게 하는 말씀을 하셨나이다

2:13은 룻의 대답으로 8-9절에서 보아스가 베풀어준 은혜에 대한 감사이다.

86) R.L. Hubbard Jr., *The Book of Ruth*, p. 167.

은혜(헨, חן)로 번역된 히브리어의 의미는 '자비' 혹은 '혜택' 이다. 특히 **당신께 은혜 입기를 원하나이다**(엠짜-헨 베에이네이카, אמצא־חן בעיניך)는 자비를 바라는 마음에서 '당신에게 혜택을 발견하기를 원하다' 라는 의미이다.

기쁘게 하는 말씀을 하셨나이다(디바르타 알-레브, דברת על־לב)는 '친절하게 말씀하셨다' 의 의미이다.[87]

시녀(쉬프하, שפחה)는 사회적으로 '낮은 계층에 속하는 자' 를 의미한다. 그러나 유사한 의미를 가진 히브리어 아마(아마, אמה)는 자유인의 부인이 될 수 있는 여인이기 때문에 이 둘 사이에는 현격한 차이가 있다.[88] 시녀로 번역된 쉬프하(שפחה)는 신부에게 선물로 주는 자를 말하며, 이 경우 쉬프하는 머슴의 일을 감당해야 한다. 본문에서 룻은 자신을 가장 낮은 '쉬프하' 로 표현하였다.

וַיֹּאמֶר לָהּ בֹעַז לְעֵת הָאֹכֶל גֹּשִׁי הֲלֹם וְאָכַלְתְּ מִן־הַלֶּחֶם 14
וְטָבַלְתְּ פִּתֵּךְ בַּחֹמֶץ וַתֵּשֶׁב מִצַּד הַקּוֹצְרִים וַיִּצְבָּט־לָהּ קָלִי
וַתֹּאכַל וַתִּשְׂבַּע וַתֹּתַר׃

[14] 바요메르 라 보아즈 레에트 하오켈 고쉬 할롬 베아칼트 민–하레헴 베타발트 피테크 바호메쯔 바타쉐브 미짜드 하코쯔림 바이츠바트–라 칼리 바토칼 바티

---

87) *HALOT* 1, p. 210.
88) J. M. Sasson, *Ruth: A New Translation with a Philological Commentary and a Formalist-Folklorist Interpretation*, pp. 53-54.

스바아 바토타르

14 식사할 때에 보아스가 룻에게 이르되 이리로 와서 떡을 먹으며 네 떡 조각을 초에 찍으라 룻이 곡식 베는 자 곁에 앉으니 그가 볶은 곡 식을 주매 룻이 배불리 먹고 남았더라

2:14은 13절의 룻의 답변과 요청을 들은 보아스가 룻에게 구체적 으로 자비를 베푸는 내용이다. 룻은 굶주렸고 매우 가난하였다. 그 런데 룻은 다른 추수꾼들과 함께 식사하도록 초대를 받았다. 보아스 가 관대한 것은 분명하였다. 그러나 전통적인 사람들에게는 모압 여 인이 유대인들과 함께 식사하는 것은 문젯거리가 될 만한 것이었다. 이야기의 구성적인 측면에서 14절의 보아스는 사건의 전개를 시작 하였다.

곡식을 줍는 것이 룻의 소망사항이었는데 이제는 룻과 함께하는 것이 보아스의 소망사항이 되었다.

초(호메쯔, חמץ)로 번역된 히브리어의 원래 의미는 마실 만한 '신포도 주' (tart wine)이다. 룻이 곡식을 베는 자 곁에 앉았다는 것은 그녀가 보 아스에 의하여 사회적 신분이 상승했다는 것을 말한다. 왜냐하면 고 대 이스라엘에서 이삭을 줍는 자들은 곡식을 추수하는 자들과 섞일 수 없었기 때문이다. **89)**

89) A. LaCocque, *Ruth*, p. 74.

볶은 곡식(칼리, קָלִי)은 주로 군대의 식량(삼상 17:17)이나 많은 사람들의 식량으로 사용되었다. 사무엘하 17:28에서는 다윗이 압살롬의 반란으로 도피할 때 같이 있던 자들에게 볶은 곡식을 식량으로 주었다. 레위기 2:14에서는 소제를 드릴 때 볶은 곡식 찧은 것을 드리도록 되어 있었다.

2:14에 나타난 보아스의 룻에 대한 관대함은 후에 보아스가 룻과 나오미에게 베풀게 될 관대함을 미리 보여주는 복선과 같은 것이다.

15 וַתָּקָם לְלַקֵּט וַיְצַו בֹּעַז אֶת־נְעָרָיו לֵאמֹר גַּם בֵּין הָעֳמָרִים תְּלַקֵּט וְלֹא תַכְלִימוּהָ:

15 바타캄 레라케트 바에짜브 보아즈 에트-네아라브 레모르 감 베인 하아마림 텔라케트 베로 타클리무하

15 룻이 이삭을 주우러 일어날 때에 보아스가 자기 소년들에게 명하여 가로되 그로 곡식 단 사이에서 줍게 하고 책망하지 말며

2:15에서 룻의 부지런함이 보아스로 하여금 일꾼들에게 명령을 내리게 만들었다. 15절은 보아스가 직접 룻을 보호하기 위하여 명령을 내린 장면이다.

책망하지 말며(로 타클리무하, וְלֹא תַכְלִימוּהָ)의 문자적인 의미는 '그녀에게 창피를 주지 말라' 이다. 보아스의 의도는 룻을 남자 일꾼들의 부적

절한 접근으로부터 차단하기 위한 것이었다. [90]

  보아스가 룻을 위하여 곡식단 사이에서 주울 수 있도록 허락한 것은 룻에게 도를 넘어서는 관대함을 베푼 것이다. 일반적으로 이삭을 줍는 자들은 곡식단 사이에 접근하는 것이 금지되어 있었다. [91]

16 וגם של־תשלו לה מן־הצבתים ועזב תם ולקטה ולא
תגערו־בה:

16 바감 솔—타소루 라 민—하쯔바팀 바아자브템 베리크타 베로 티그아루—바

16 또 그를 위하여 줌에서 조금씩 뽑아 버려서 그로 줍게 하고 꾸짖지
    말라 하니라

  2:16은 15절에 더하여 보아스의 도를 넘어선 관대함이 드러나 있다. 일부러 곡식 이삭을 버리게 한 것이다. 이러한 결과 룻이 하루에 줍는 곡식의 양은 매우 많았다.

  줌(쯔바팀, צבתים)으로 번역된 히브리어의 정확한 양에 대해서는 알 수 없다. 왜냐하면 이 히브리어 단어는 이곳에서만 사용되기 때문이다. 그러나 대략적으로 '한 움큼의 곡식의 양' 을 의미한다고 볼 수 있다. 신명기 24:19에서는 이러한 상황에 관한 율법이 기록되어 있다.

90) R.L. Hubbard Jr., *The Book of Ruth*, p. 176.
91) R.L. Hubbard Jr., *The Book of Ruth*, p. 176.

신명기 24장 19절

네가 밭에서 곡식을 벨 때에 그 한 뭇을 밭에 잊어버렸거든 다시 가서 가져
오지 말고 나그네와 고아와 과부를 위하여 남겨두라 그리하면 네 하나님
여호와께서 네 손으로 하는 모든 일에 복을 내리시리라.

17 וַתְּלַקֵּט בַּשָּׂדֶה עַד־הָעָרֶב וַתַּחְבֹּט אֵת אֲשֶׁר־לִקֵּטָה וַיְהִי
כְּאֵיפָה שְׂעֹרִים:

17 바텔라케트 바사데 아드-하아레브 바타흐보트 에트 아쉐르-리케타 바여히 케
에이파 스오림

17 룻이 밭에서 저녁까지 줍고 그 주운 것을 떠니 보리가 한 에바쯤
되는지라

2:17에서는 룻이 어떻게 이삭을 주웠는가를 기록하고 있다.

2:17은 2절부터 시작된 룻의 일을 마무리하는 구절로, 룻이 하루에
줍는 곡식의 양이 약 한 에바라고 기술한다. 에바는 아마도 이집트에
서 빌려온 단어로서 그 의미는 바스켓(basket)을 의미한다.[92] 또 다른
의미는 바스켓에 들어가는 양, 즉 약 22리터, 약 10.87kg 정도의 양
을 의미한다.[93] 룻이 주운 보리의 양은 매우 많았다. 그것은 룻이 이

---

92) R.L. Hubbard Jr., *The Book of Ruth*, p. 179.
93) 자코비츠(Y. Zakovitz)는 에바가 15-25kg 정도 된다고 주장한다. Y. Zakovitz, "Ruth," p. 92
(Hebrew)

른 아침부터 저녁까지 주웠을 뿐만 아니라 보아스가 최대한의 혜택을 주었기 때문이다.

고대 바벨론 시대 마리(Mari)의 한 일꾼이 하루에 375-750g을 받는 것을 생각하면 룻이 하루에 주운 곡식의 양은 매우 많다는 것을 알 수 있다. 즉 룻은 하루에 한 일꾼이 보름을 일해서 벌어들인 양과 같은 양의 곡식을 주운 것이다.[94] 이처럼 많은 곡식을 얻을 수 있었기 때문에 룻에게 굶는 것은 더 이상 문제가 되지 않았을 것이다.

[구약성경의 곡물 측량 단위]

단위	양	비교	출처
고르/호멜	220리터		왕상4:22
에바	22리터	1/10호멜	레 5:11
스아	7.3리터	1/ 3에바	창 18:6
오멜	2.2리터	1/10에바	출 16:36
갑	1.5리터		왕하 6:25

핵심 메시지

• 조화로운 사회란 서로에 대한 관심과 배려로 서로를 축복할 때 가능함을 보여준다. 따라서 보아스와 일꾼 사이, 보아스와 룻 사이에

94) R.L. Hubbard Jr., *The Book of Ruth*, p. 179.

서로에 대한 축복이 등장한다.

● 보아스(가진 자 혹은 기득권 층)의 배려가 룻(사회, 경제적 약자)의 사회적, 경제적 문제를 해결해준다. 보아스의 관심이 룻을 경제적 위기와 일꾼들의 노리게 감에서부터 보호해 준다.

룻기 2:18

2:18은 2:2-17과 2:19-23을 연결하는 역할을 한다. 따라서 배경이 들판에서 성읍으로 그리고 룻과 보아스의 관계에서 룻과 나오미의 관계로 변화한다.

18 ותשא ותבוא העיר ותרא חמותה את אשר־לקטה ותוצא ותתן־לה את אשר־הותרה תרה משבעה:

18 바티싸 바타보 하이르 바테레 하모타 에트 아쉐르-리케타 바토쩨 바티텐-라 에트 아쉐르-호티라 미샤브아

18 그것을 가지고 성읍에 들어가서 시모에게 그 주운 것을 보이고 그 배불리 먹고 남긴 것을 내어 시모에게 드리매

나오미는 룻이 가져온 곡식의 양을 보고 놀랐을 것이다. 따라서 19

절의 질문을 하는 것은 당연한 일이었을 것이다. 그것을 가지고 성읍에 들어가서라는 표현은 들판과 성읍 사이의 거리를 표현하는 것이다.

핵심 메시지
- 은혜를 입은 룻은 이 은혜의 대가를 나오미와 함께 나눈다.

룻기 2:19-23

2:19-23에서는 이삭을 주워 돌아온 룻과 나오미가 대화하는 것으로 룻이 곡식을 많이 얻게 된 배경에 관하여 대화한다.

19 וַתֹּאמֶר לָהּ חֲמוֹתָהּ אֵיפֹה לִקַּטְתְּ הַיּוֹם וְאָנָה עָשִׂית יְהִי מַכִּירֵךְ בָּרוּךְ וַתַּגֵּד לַחֲמוֹתָהּ אֵת אֲשֶׁר־עָשְׂתָה עִמּוֹ וַתֹּאמֶר שֵׁם הָאִישׁ אֲשֶׁר עָשִׂיתִי עִמּוֹ הַיּוֹם בֹּעַז:

[19] 바토메르 라 하모타 에이포 리카데트 하욤 베아나 아시트 여히 마키레크 바루크 바타게드 라하모타 에트 아쉐르-아스타 이모 바토메르 쉠 하이쉬 아쉐르 아시티 이모 하욤 보아즈

[19] 시모가 그에게 이르되 오늘 어디서 주웠느냐 어디서 일을 하였느냐 너를 돌아본 자에게 복이 있기를 원하노라 룻이 누구에게서 일한 것

을 시모에게 알게 하여 가로되 오늘 일하게 한 사람의 이름은 보아
스니이다

2:19에서 나오미는 룻에게 누구의 밭에서 이삭을 주웠는지 물어본
후, 그 밭의 주인에게 복을 빌어준다. 후에 나오미는 그 밭의 주인이
보아스임을 알게 된다.

ותאמר נעמי לכלתה ברוך הוא ליהוה אשר לא־עזב 20
חסדו את־החיים ואת־המתים ותאמר לה נעמי קרוב לנו
האיש מגאלנו הוא:

20 바토메르 노오미 레칼라타 바루크 후 레아도나이 아쉐르 로–아자브 하스도 에
트–하하임 베에트–하메팀 바토메르 라 노오미 카로브 라누 하이쉬 미고알레
누 후

20 나오미가 자부에게 이르되 여호와의 복이 그에게 있기를 원하노라
그가 생존한 자와 사망한 자에게 은혜 베풀기를 그치지 아니하도다
나오미가 또 그에게 이르되 그 사람은 우리의 근족이니 우리 기업을
무를 자 중 하나이니라

2:20에서 강조하는 것은 보아스가 **기업을 무를 자**(고엘, גאל)라고 밝히
는 것이다.

기업을 무를 자와 관계있는 단어인 게울라(גאלה)는 '다시 구입할 권리' 혹은 '재구입'이라는 뜻으로 사용되었다. 룻기 4:6-7과 예레미야 32:7-8, 에스겔 11:15를 제외하고 게울라는 모두 레위기 25장의 희년법을 설명하는데 사용되고 있다(레 25:24, 26, 29(x2), 31, 32, 48, 51, 52). 룻기 4:6-7, 예레미야 32:7-8, 레위기 25:24에서 게울라는 유업을 다시 구입하는 권한으로 사용된다. 즉 땅의 매매와 관련된 단어로 사용된 것이다. 또한 레위기 25:29, 31에서 게울라는 가옥의 매매에, 25:39에서는 가난으로 형제가 종으로 넘기어지는 경우에 사용되고 있다. 이러한 게울라의 용례를 살펴볼 때, 에스겔 11:15의 안쉐이 게울라테카(אנשי גאלתך)는 '너의 (땅을) 무를 권한이 있는 사람들'이란 의미로 사용되고 있음을 알 수 있다. 이것은 뒤이어 등장하는 "너희는 야웨에게서 멀리 떠나라 이 땅은 우리에게 주신 유업이 되게 하신 것이라"고 땅의 소유권을 주장하는 구절을 통하여 알 수 있다.

생존한 자와 사망한 자(에트-하-하임 베에트-하-메팀, את־החיים ואת־המתים)란 나오미, 룻, 엘리멜렉 그리고 두 아들을 포함한 모든 가족을 의미한다. 생존한 자와 사망한 자에게 은혜를 베풀었다는 20절의 생각은 사람이 죽은 후에도 산 사람처럼 지속적으로 생활한다는 생각을 반영하는 것이다.

구약성경에서 죽음에 대한 이해가 매우 다양하다. 첫째, 죽음을 종말로 이해한다. 시편 146:4에 의하면 "그의 호흡이 끊어지면 흙으로 돌아가서 그 날에 그의 생각이 소멸하리로다"라고 기록하고 있다.

이러한 생각을 욥기 7:9에서는 은유적으로 표현한다. 즉 "스올로 내려가는 자는 다시 올라오지 못할 것이오니"라고 기록하고 있다(참고 사 38:18). 따라서 죽음을 생명의 끝으로 이해한다. 둘째, 그럼에도 불구하고 구약성경에서는 죽음으로 인간의 생명이 완전히 끝나지 않았으며(삼상 28:15이하, 사 14:9이하), 하나님의 심판을 피할 수 없는 것으로 이해하였다(시 139:7-8). 그러면서도 구약성경에서는 거룩한 사람들이 죽음을 피한 것으로 기록하고 있다. 에녹(창 5:24)과 엘리야(왕하 2:11)가 그 대표적인 경우이다. 욥의 경우는 죽음 이후에도 계속되는 삶을 갈구하였다(욥 14:13이하, 19:26). 이러한 생각은 부활사상과 관계되어진다(사 27:19, 단 12:2).

구약성경에서 죽음에 대한 이해가 다양하듯이 구약성경에는 죽는다는 것도 다양하게 묘사하고 있다. 이것은 구약성경이 산 자와 죽은 자 사이의 관계가 지속되고 있음을 기록한 여러 예라고 할 수 있다.95) 고대 이스라엘 사람들의 죽음에 대한 다양한 생각이 나타나지만 고대근동과 마찬가지로 이스라엘 사람들도 사람이 죽기는 해도 죽은 자는 저승에서도 현세에서와 유사한 삶을 계속 영위하는 것으

---

95) 구약성경에는 죽음에 대한 다양한 표현이 등장한다: (1) 백성에게로 돌아가다(창 25:8, 49:29), (2) 조상과 함께 눕다(창 47:30), (3) 영혼이 떠나다(창 35:18), (4) 영이 하나님에게로 돌아가다(전 12:7), (5) 평화로운 곳으로 들어가다(사 57:2), (6) 침상위에서 쉬다(사 57:2), (7) 영원히 쉴 곳으로 가다(전 12:5), (8) 태로 돌아가다(욥 1:21). G. R. Driver, "Plurima Mortis Image," in *Studies and Essays in Honor of Abraham A. Neuman.* Eds. M. Ben-Horin, B. D. Weinryb and S. Zeitlin (Leiden: E. J. Brill, 1962), p. 141.

로 믿었다. 이러한 죽음과 사후 세계에 대한 이해는 장례의식 속에서 애도의식의 강조와 독특한 매장 풍습을 갖게 한다. 바로 이러한 생각이 룻 2:20에 반영된 것이라고 할 수 있다.

21 וַתֹּאמֶר רוּת הַמּוֹאֲבִיָּה גַּם כִּי־אָמַר אֵלַי עִם־הַנְּעָרִים אֲשֶׁר־לִי
תִּדְבָּקִין עַד אִם־כִּלּוּ אֵת כָּל־הַקָּצִיר אֲשֶׁר־לִי:

21 바토메르 룻 하모아비야 감 키-아마르 엘라이 임-하느오림 아쉐르-리 트드바킨 아드 임-킬루 에트 콜-하카찌르 아쉐르-리

21 모압 여인 룻이 가로되 그가 내게 또 이르기를 내 추수를 다 마치기까지 너는 내 소년들에게 가까이 있으라 하더이다

2:21의 **추수를 다 마치기까지**는 23절을 근거로 보리와 밀 추수가 모두 끝나는 때를 말한다. 두 곡식의 추수를 모두 마치기까지는 약 두 달 정도 소요된다.[96]

내 추수를 다 마치기까지 너는 내 소년들에게 가까이 있으라는 보아스의 말은 두 가지 사실을 보장해 준다. 첫째, 나오미와 룻이 적어도 당분간 식량 걱정에서 해방되었다는 것, 즉 이제 식량의 문제가 중요한 문제가 아니라는 점이다. 둘째, 룻과 보아스의 만남이 지속될 수 있음을 말해준다. 경우에 따라서는 정기적인 만남을 보장해주는

---

96) R.L. Hubbard Jr., *The Book of Ruth*, p. 190.

표현이다. **97)**

22 וַתֹּאמֶר נָעֳמִי אֶל־רוּת כַּלָּתָהּ טוֹב בִּתִּי כִּי תֵצְאִי עִם־נַעֲרוֹתָיו
וְלֹא יִפְגְּעוּ־בָךְ בְּשָׂדֶה אַחֵר׃

22 바토메르 노오미 엘-룻 칼라타 토브 비티 키 테쯔이 임-나아로타브 베로 이프
그우-바크 베사데 아헤르

22 나오미가 자부 룻에게 이르되 내 딸아 너는 그 소녀들과 함께 나가
고 다른 밭에서 사람을 만나지 아니하는 것이 좋으니라

2:22은 나오미가 룻에게 하는 말이다. 그런데 22절에서 이전의 구
절과 다른 점은 21절의 '소년들' 이 22절에서는 **소녀들**(나아로트, נַעֲרוֹת)
로 바뀐 것이다. 나오미는 룻에게 다른 방침을 제시하고 있다. 나오
미가 이렇게 제안하는 데에는 두 가지 이유가 있다. 첫째는 보아스의
제안을 받아들여 그의 들판에서 이삭줍기를 원한 것과 둘째는 룻이
다른 남자들로부터 분리되도록 조정한 것이다. **98)**

다른 밭에서 사람을 만나지 아니하는 것(베로 이프그우-바크 베사데 아헤르,
וְלֹא יִפְגְּעוּ־בָךְ בְּשָׂדֶה אַחֵר)의 정확한 의미는 '(다른) 사람들이 다른 밭에서
너를 만나지 않도록 하는 것' 이다. 이러한 나오미의 말에는 2:8 해설

97) R.L. Hubbard Jr., *The Book of Ruth*, p. 191.
98) R.L. Hubbard Jr., *The Book of Ruth*, p. 191.

에서도 언급했듯이 베들레헴 청년들로부터 성적인 노리갯감이 되지 않게 하려는 조치이다.

23 וַתִּדְבַּק בְּנַעֲרוֹת בֹּעַז לְלַקֵּט עַד־כְּלוֹת קְצִיר־הַשְּׂעֹרִים וּקְצִיר הַחִטִּים וַתֵּשֶׁב אֶת־חֲמוֹתָהּ:

23 바티드바크 베나아로트 보아즈 레라케트 아드-클로트 크찌르-하스오림 우크찌르 하히팀 바테쉐브 에트-하모타

23 이에 룻이 보아스의 소녀들에게 가까이 있어서 보리 추수와 밀 추수를 마치기까지 이삭을 주우며 그 시모와 함께 거하니라

2:23을 보면 룻은 보리와 밀을 추수할 때까지 나오미와 함께 거주하였다고 기록하고 있다. 1:22에 의하면 나오미와 룻이 베들레헴에 도착한 시기는 보리 추수를 시작할 때였다. 따라서 밀 추수까지는 약 2-3개월이 소요된다. 따라서 룻이 그 시어머니 나오미와 함께 거주한 기간은 약 2-3개월 정도 되는 것을 알 수 있다.

룻기 2장의 신학적 주제

룻기 2장은 룻기의 배경이 베들레헴으로 옮겨지고, 새로운 등장인물인 보아스의 등장으로 룻과 나오미의 문제를 해결하기 위한 시도를 발견한다. 이것을 위하여 룻기 2장은 서로 다른 것의 만남을 통하여 문제 해결을 시도하고 있다. 따라서 2장에서는 여성과 남성의 만남, 텅빔(emptiness)과 부(wealthy)의 만남, 이방여인과 이스라엘 사람의 만남, 소외계층과 유력한 계층의 만남 등을 통하여 여성, 텅빔, 이방여인, 그리고 소외계층이 가지고 있는 문제를 해결한다. 특히 룻의 경제적인 문제를 해결하기 위하여 보아스는 그녀를 자신의 밭에서 일하게하고, 사회적 신분으로 인한 불이익을 당하지 않도록 보아스는 자신의 일꾼들에게 룻을 괴롭히지 못하도록 명령한다.

이러한 시도를 통하여 룻기 2장은 조화로운 삶을 위해 전제되어야 하는 것은 하나님의 섭리의 만남이 있어야 함을 강조하여 보여준다. 무엇보다 이 만남은 우연한 만남이어야 한다. 즉 이 만남은 하나님의 인도하신 만남이지 룻이나 보아스가 의도한 만남은 아닌 것이다.

룻기

제3장

The Book of Ruth

룻기 3장

룻기 3장은 나오미가 전체 이야기를 이끌며, 룻기 전체 이야기의 절정에 해당한다. 앞의 2장이 룻의 식량문제를 해결했다면, 3장에서는 룻의 과부의 신분이 곧 끝나게 됨을 암시하고 있다. 룻기 3장의 사건은 해질 무렵부터 시작해서 해 뜨기 전까지 하루 밤사이에 일어난 일이다. 룻기 3장의 저자는 이 밤사이에 룻과 보아스 사이의 성적인 관계의 가능성을 높였다. 따라서 룻기 3장에서는 룻에 대하여 '그 여자'(14절)로 그리고 보아스에 대하여 '그 남자'(8, 16, 18절)라고 여러 차례 기록하고 있다. 그러나 3장에서는 이에 대한 힌트를 전혀 발견할 수 없다.[99]

본장은 룻이 보아스를 타작마당에서 만나는 사건을 기록하고 있으며, 크게 세 부분으로 구성되어 있다.

---

99) R.L. Hubbard Jr., *The Book of Ruth*, p. 196.

첫째, 나오미가 룻에게 충고하는 내용이다(3:1-5).

둘째, 타작마당에서 룻과 보아스의 만남에 대한 이야기이다(3:6-15).

셋째, 룻이 집으로 돌아오는 것에 대하여 기록하고 있다(3:16-18).

룻기 3:1-5

3:1-5에서 나오미는 룻에게 보아스에 대한 정보를 주며, 더 나아가 룻이 보아스에게 어떻게 해야 하는지를 구체적으로 가르치는 모습이 나타난다. 즉 나오미의 영악한 계획을 기록하고 있다.

1 וַתֹּאמֶר לָהּ נָעֳמִי חֲמוֹתָהּ בִּתִּי הֲלֹא אֲבַקֶּשׁ־לָךְ מָנוֹחַ אֲשֶׁר

יִיטַב־לָךְ

1 바토메르 라 노오미 하모타 비티 하로 아바케쉬-라 마노아흐 아쉐르 이타브-라크

1 룻의 시모 나오미가 그에게 이르되 내 딸아 내가 너를 위하여 안식할 곳을 구하여 너로 복되게 하여야 하지 않겠느냐

3:1에서 나오미는 부모와 같은 책임을 룻에게 이행할 것이라고 말한다. 이것을 통하여 룻을 자신의 딸로(내 딸아, 비티, בִּתִּי) 가족의 일원으

로 생각하고 있음을 알 수 있다. 특히 나오미의 말 가운데 **구하여**(비케쉬, בקשׁ)의 뜻으로 사용된 히브리어 동사는 빚을 갚아야 하는 의무가 있을 때 사용하는 법률적인 동사이다.[100]

안식할 곳(마노아흐, מנוח)이란 문자적으로 '쉬는 곳'을 의미하지만 그 뜻은 '영원한 집'이다. 따라서 이 표현을 통하여 나오미가 룻의 결혼을 의식하고 있었음을 알 수 있다.[101] 안식할 곳은 창세기 8:9의 "비둘기가 안식할 곳을 찾지 못했다"는 구절을 통해 이해할 수 있다. 여인에게 있어서 안식할 곳은 남편의 집을 의미한다.[102]

나오미의 소망은 이미 1:8-9에 나타나 있다. "나오미가 두 며느리에게 이르되 너희는 각기 너희 어머니의 집으로 돌아가라 너희가 죽은 자들과 나를 선대한 것 같이 여호와께서 너희를 선대하시기를 원하며 여호와께서 너희에게 허락하사 각기 남편의 집에서 위로를 받게 하시기를 원하노라 하고 그들에게 입 맞추매 그들이 소리를 높여 울며"라는 구절에서 이미 자신의 며느리들이 안식할 곳을 찾고, 복 받기를 바라는 나오미의 마음을 읽을 수 있다.

---

100) S. Wagner, "בקשׁ" *TDOT* 11, pp. 232, 235.
101) R.L. Hubbard Jr., *The Book of Ruth*, p. 198.
102) Y. Zakovitz, "Ruth," p. 94.

2 וְעַתָּה הֲלֹא בֹעַז מֹדַעְתָּנוּ אֲשֶׁר הָיִית אֶת־נַעֲרוֹתָיו הִנֵּה־
הוּא זֹרֶה אֶת־גֹּרֶן הַשְּׂעֹרִים הַלָּיְלָה:

2 베아타 하로 보아즈 모다타누 아쉐르 하이트 에트–나아로타브 히네–후 조레 에
트–고렌 하스오림 하라일라

2 네가 함께 하던 시녀들을 둔 보아스는 우리의 친족이 아니냐 그가 오
늘 밤에 타작 마당에서 보리를 까불리라

3:2부터 나오미의 계획이 시작된다. 2절에서는 다시 한 번 보아스
가 나오미의 친족이라는 사실을 강조한다. 친족을 뜻하는 히브리어
모다아트(מֹדַעַת)는 이 구절에서만 사용되는 단어이다. 그러나 2:1에
서는 미쉬파하(מִשְׁפָּחָה)가 사용되었다. 또한 2:20에서는 **근족**(카로부 라
누, קָרוֹב לָנוּ)으로 표현되어 있다. 나오미는 보아스가 매우 가까운 친족
임을 강조하고 있다. 이와 같은 강조는 나오미의 계획에 있어 중요한
기반이 된다.

보리를 까부는 것은 고대 농사에 있어서 축제의 날이며, 추수의 정
점을 뜻한다(사 41:14-16). 보리를 까부르기까지의 절차는 다음과 같다.
보리를 베서 묶고 이것을 타작마당으로 옮긴 후, 땅바닥에 짓밟는다.
땅바닥에 짓밟음으로써 껍질을 벗겨낸다. 그 후에 키질을 한다.

타작마당(고렌, גֹּרֶן)은 평지보다 약간 올라간 지역으로 이곳에서 짚과
낱알이 분리된다. 타작마당의 요건으로 중요한 것은 규칙적인 바람

이 불어야 한다. 그러기에 보아스가 저녁에 보리를 까부는 것이다.

까불리라(조레, זרה)는 히브리어 동사 자라(זרה)의 분사형이 사용되었다. 그 의미는 '뿌리다' 혹은 '키질하다' 이다.

룻기 3:2-3을 통하여 제기되는 질문은 왜 보아스가 보리를 까부른 다음 타작마당에서 밤을 지샛는가 하는 것이다. 이에 대하여 후바드(R.L. Hubbard Jr)는 아마도 보아스가 타작한 곡식을 지키기 위해서 그렇게 했을 것이라고 해석한다.[103] 그러나 문제는 보아스와 같은 사람이 과연 밤에 곡식을 지키는 일을 하였을까 하는 의문이 생긴다. 이에 대하여 싸손(Sasson)은 아마도 보아스가 추수기간에 행해지는 어떤 제의를 준비하기 위하여 타작마당에 머물렀을 것으로 추정한다.[104] 그러나 그 어느 것도 정확한 설명이라고 할 수 없다.

ורחצת וסכת ושמת שמלתך עליך וירדתי הגרן אל-תודעי 3
לאיש עד כלתו לא כל ולשתות:

3 베라하쯔트 바사크트 베삼트 쉬므로테이크 알라이크 베야라드티 하고렌 알–티 바드이 라이쉬 아드 칼로토 레에콜 베리슈토트

3 그런즉 너는 목욕하고 기름을 바르고 의복을 입고 타작마당에 내려가서 그 사람이 먹고 마시기를 다하기까지는 그에게 보이지 말고

103) R.L. Hubbard Jr., *The Book of Ruth*, p. 201.
104) J. M. Sasson, *Ruth: A New Translation with a Philological Commentary and a Formalist-Folklorist Interpretation*, p. 66.

3:3에서 나오미는 룻이 결혼을 준비하듯이 몸단장을 하고 보아스에게 내려갈 것을 권하고 있다. 목욕하고 기름을 바르고 의복을 입는 것은 고대 근동의 성혼문서(聖婚文書, *hieros gamos*)에서는 신부가 결혼을 준비하는 절차로 묘사되어 있다.[105]

바르다(수크, סוּךְ) 동사는 주로 기름을 목적어로 사용하며, '기름을 붓다' 혹은 '기름을 바르다' 의 의미로 사용된다.[106] 룻은 자신을 아주 매혹적으로 가꾸었다.

3절에서 가장 번역하기 어려운 구절은 **의복을 입고**(베삼트 쉬므로테이크 알라이크, וְשַׂמְתְּ שִׂמְלֹתֵךְ עָלַיִךְ)이다. 이 구절의 문자적인 의미는 '네가 네게 네 옷을 놓아라' 이다. 그런데 히브리어 본문의 읽기(케레, *qērē*)에서는 복수형(쉬므로타이크, שִׂמְלֹתַיִךְ)으로 읽었다. 히브리어 본문에 기록된 대로 단수형으로 이해할 경우에 겉옷이 하나인 셈인데 3:15에서 보아스가 룻의 겉옷에 곡식을 주는 것과 상황이 맞지 않는다. 룻이 옷을 입고 있고, 그 외의 겉옷이 더 있어야 3:15의 상황이 이치에 맞는다.

3장 전체의 배경은 **타작마당**(고렌, גֹּרֶן)이다. 타작마당은 곡식을 까부른 후 쌓아두는 장소였다. 대개 타작마당은 도시의 성문 근처에 위치해 있었다. 일반적으로 이스라엘의 성문 근처에는 백성들이 모

---

105) J. M. Sasson, *Ruth: A New Translation with a Philological Commentary and a Formalist-Folklorist Interpretation*, p. 67.

106) *HALOT*, p. 746; J.M. Sasson, *Ruth: A New Translation with a Philological Commentary and a Formalist-Folklorist Interpretation*, pp. 67-68.

이는 광장이 있었다(왕상 22:10; 렘 15:7). 3:3과 6절에서 룻이 타작마당으로 내려갔다는 표현을 통하여 룻의 거처가 높은 곳에 위치해 있음을 짐작할 수 있다. 타작마당이 도시(베들레헴)에서 내리막에 위치하는 것은 일정하게 부는 바람이 곡식을 까불 수 있기 때문이다.

וַיְהִי בְּשָׁכְבוֹ וְיָדַעַתְּ אֶת־הַמָּקוֹם אֲשֶׁר יִשְׁכַּב־שָׁם וּבָאת 4
וְגִלִּית מַרְגְּלֹתָיו וְשָׁכָבְתִּי וְהוּא יַגִּיד לָךְ אֵת אֲשֶׁר תַּעֲשִׂין:

4 비히 베샤크보 베야다아트 에트–하마콤 아쉐르 이쉬카브–샴 우바이트 베길리트 마르글로타브 베샤카브티 베후 야기드 라크 에트 아쉐르 타아신

4 그가 누울 때에 너는 그 눕는 곳을 알았다가 들어가서 그 발치 이불을 들고 거기 누우라 그가 너의 할일을 네게 고하리라

3:4는 나오미와 룻이 꾸미는 계획의 최정점에 해당한다. 나오미는 보아스가 저녁에 어디에서 시간을 보내는지 알고 있었다.

발치(메라글라임, מַרְגְּלֹתָיו)는 성기(性器)를 표현하는 완곡어법이다. **107)** 이러한 성기에 대한 완곡어법은 출애굽기 4:25, 사사기 3:24, 사무엘상 24:3, 신명기 28:57, 에스겔 16:25 등에서 발견된다. 구약성경의 표현 기법 가운데 카코페미즘(Cacophemism)이 등장하는데, 여기에는 크게 두 가지 기법이 있다. 즉 완곡어법(婉曲語法, Euphemism)과 위악어법(僞惡

---

107) R.L. Hubbard Jr., *The Book of Ruth*, p. 203.

語法, Dysphemism)이다. 완곡어법이란 남을 모욕하거나 상스럽게 표현하는 말을 피하는 것이다. 위악어법은 공격적이고 비난이 섞인 말을 사용하는 것이다. 완곡어법의 가장 대표적인 예는 '죽는다' 라는 표현 대신 "세상 모든 사람이 가는 길"(왕상 2:22), "돌아오지 못할 길로 갈 것임"(욥 16:22), "하나님이 그를 데려가시므로"(창 5:24), "영원히 잠들어 깨지 못하게 하리라"(렘 51:39) 등을 사용하는 것이다. 그리고 "발을 가리운다"라는 표현은 남을 상스럽게 하는 것 대신 사용하는 표현이었다(삿 3:24; 삼상 24:3). 반대로 위악어법은 대체로 구약성경에서 이방 신에 대하여 사용하였다. 즉 우상에 대하여 "헛된 것"(렘 14:14; 욥 13:4), 모압의 신인 그모스에 대하여 "가증한" 이라는 단어를 사용하는 것(왕상 11:7), 바알 신의 이름 대신 '창피한' 의 뜻을 지닌 "보셈"이라는 단어를 사용하는 것 등이다.

다시 룻기 본문으로 돌아가서 살펴보면 룻의 이러한 행동은 보아스에게 신호를 보내는 것이다. 즉 룻의 청혼임을 알 수 있다. 또한 룻이 보아스의 발치를 드는 것은 밤의 찬 공기를 통하여 보아스가 깨어나기를 원하는 행동으로 이해할 수 있다.

룻기 3:4의 룻이 보아스의 발치에 눕는 것은 룻이 보아스의 보호를 요청하는 행동으로 이해할 수 있다. 왜냐하면 발은 그의 권위에 굴복한다는 의미를 가지고 있기 때문이다(출 11:8, 신 11:24, 수 1:3, 왕상 5:17, 겔 43:7). 전술한 바와 같이 룻의 이 행동은 룻이 보아스에게 행한 청원으

로 이해할 수 있다. [108]

5 וַתֹּאמֶר אֵלֶיהָ כֹּל אֲשֶׁר־תֹּאמְרִי אֶעֱשֶׂה׃

5 바토메르 엘레이하 콜 아쉐르-토므리 에에세

5 룻이 시모에게 이르되 어머니의 말씀대로 내가 다 행하리이다 하니라

3:5에서 룻은 나오미의 말을 따를 것이라고 대답하고 있다. 특히 **내가 다 행하리이다**(콜 아쉐르 토므리, כֹּל אֲשֶׁר־תֹּאמְרִי)라는 구절은 2-4절에서 나오미가 룻에게 지시한 모든 것을 그대로 행한다는 뜻이다.

3:1-5은 며느리 룻의 행복한 삶을 위하여 여러 가지 책략을 꾸미는 나오미에 대하여 기록하고 있다. 은혜를 나누며, 서로의 삶을 축복하는 나오미와 룻의 모습이 담겨 있다.

핵심 메시지

- 룻의 행복을 위하여 배려하는 나오미. 이것이 궁극적으로 룻과 나오미의 행복의 근원이 된다.

---

108) R.L. Hubbard Jr., *The Book of Ruth*, p. 204.

룻기 3:6-16

3:6-16은 룻이 타작마당에서 보아스를 만나 밤을 함께 지내는 것을 소개하고 있다. 특히 보아스는 룻에게 어떻게 해야 하는지 구체적인 행동 지침을 가르쳐 준다.

6 ותרד הגרן ותעש ככל אשר־צותה חמותה:

⁶ 바테레드 하고렌 바타아스 케콜 아쉐르–찌바타 하모타

⁶ 그가 타작 마당으로 내려가서 시모의 명대로 다 하니라

3:6은 룻기의 저자가 5절에서 룻이 시어머니 나오미에게 말했듯이, 룻이 나오미의 계획대로 모두 다 행하였음을 보고하고 있다.

7 ויאכל בעז וישת וייטב לבו ויבא לשכב בקצה הערמה ותבא בלט ותגל מרגלתיו ותשכב:

⁷ 바요칼 보아즈 바예쉬트 바이타브 리보 바야보 리쉬카브 비크쩨 하아레마 바타보 바라트 바트갈 마르게로타브 바티쉬카브

⁷ 보아스가 먹고 마시고 마음이 즐거워서 가서 노적가리 곁에 눕는지라 룻이 가만히 가서 그 발치 이불을 들고 거기 누웠더라

보아스가 **마음이 즐거웠는데**(이타브 리보, ייטב לבו) 그 이유는 포도주를 마셨기 때문이 아니라 음식 전체가 보아스를 즐겁게 했기 때문이다. 보아스는 편안하고 즐거운 마음으로 바닥에 누웠으며, 안락한 삶에 대한 행복감에 차 있었다.[109] 그러나 보아스는 피곤했다. 따라서 밤에 깊은 잠에 빠지게 되었다.

노적가리(아레마, ערמה)는 '곡식 단'을 뜻한다. 곡식 단은 이미 키질을 마친 상태로 판매하기 직전의 단계이다. 보아스가 곡식 단의 가장자리에서 잠을 자는 것은 곡식을 지키기 위한 행동으로 이해할 수 있다.[110] 기능적인 측면에서 곡식 단은 다른 일꾼들과 보아스의 잠자리를 구별해주는 역할도 한다.

7절에서 보아스가 타작마당의 노적가리 옆에 누운 이유에 관해서 성경은 기록하고 있지 않지만 아마도 곡식을 보호하기 위해서이거나 혹은 다음 날 아침 일찍 일을 시작하기 위해서 타작마당에서 잔 것으로 추정할 수 있다.[111]

109) R.L. Hubbard Jr., *The Book of Ruth*, pp. 208-209.
110) P. Joüon, *Ruth: commentaire philologique et exégétique*, pp. 70-71.
111) R.L. Hubbard Jr., *The Book of Ruth*, p. 209.

8 וַיְהִי בַּחֲצִי הַלַּיְלָה וַיֶּחֱרַד הָאִישׁ וַיִּלָּפֵת וְהִנֵּה אִשָּׁה שֹׁכֶבֶת
מַרְגְּלֹתָיו:

8 바예히 바하찌 하라일라 바예헤라드 하이쉬 바일라페트 베히네 이샤 소케베트
마르겔로타브

8 밤중에 그 사람이 놀라 몸을 돌이켜 본즉 한 여인이 자기 발치에 누웠
는지라

3:8은 보아스가 밤중에 옆에 누워 있는 여자를 보고 놀라는 모습을
기록하고 있다.

구약성경에 의하면 **밤중**(바하찌 하라일라, בַּחֲצִי הַלַּיְלָה)에는 놀랄만한 일
들이 발생하였다. 하나님께서 이집트의 첫째 아들을 죽일 때(출 12:29),
삼손이 가자의 성문을 옮길 때(삿 16:3)도 밤중이었다. 엘리후는 사람
은 한 밤중에 죽는다고 말했다(욥 34:20).

9 וַיֹּאמֶר מִי־אָתְּ וַתֹּאמֶר אָנֹכִי רוּת אֲמָתֶךָ וּפָרַשְׂתָּ כְנָפֶךָ
עַל־אֲמָתְךָ כִּי גֹאֵל אָתָּה:

9 바요메르 미-아트 바토메르 아노키 룻 아마테카 우파라시타 크나페카 알-아마
트카 키 고엘 아타

9 가로되 네가 누구뇨 대답하되 나는 당신의 시녀 룻이오니 당신의 옷
자락으로 시녀를 덮으소서 당신은 우리 기업을 무를 자가 됨이니이다

3:9의 보아스가 한밤중 잠에서 깨에 한 말 곧 '네가 누구뇨'는 밤의 정막을 깨뜨리는 음성이었다. 2:8에서는 보아스가 룻에게 "내 딸아"라고 부르지만 9절에서는 이러한 호칭이 등장하지 않는다. 따라서 보아스가 자신의 옆에 누워 있는 여자가 누구인지 정확히 알지 못했음을 보여준다. 보아스가 룻의 말을 듣고 모압 여인으로 인식하지 못한 것은 아마도 당시 룻은 베들레헴 히브리어를 자유롭게 사용했을 것이다.

룻은 자신을 **시녀**로 대답하지만(아노키 룻 아마테카, אנכי רות אמתך), 사용된 히브리어는 2:13(쉬프하, שפחה)과 달리 아마(אמה)이다. 앞에서 언급했듯이 아마는 자유인의 부인이 될 수 있다. 따라서 3:9의 상황은 룻이 보아스의 부인이 되기 위한 전 단계이기 때문에 특별히 자신을 아마라는 단어로 소개한 것이다.

당신의 옷자락으로 시녀를 덮으소서(파라스 카나프 알, פרש כנף על)의 의미는 '결혼하다'이다. 보아스의 **옷자락**(카나프, כנף)으로 룻을 덮는 것은 마치 여호와의 보호하심과 같다. 따라서 룻이 보아스와 결혼하는 것이 하나님의 보호하심을 상징적으로 나타내는 것이다.

וַיֹּאמֶר בְּרוּכָה אַתְּ לַיהוָה בִּתִּי הֵיטַבְתְּ חַסְדֵּךְ הָאַחֲרוֹן 10
מִן־הָרִאשׁוֹן לְבִלְתִּי־לֶכֶת אַחֲרֵי הַבַּחוּרִים אִם־דַּל וְאִם־עָשִׁיר:

10 바요메르 브루카 아트 라아도나이 비티 헤이타브트 하스데이카 하아하론 민―하리숀 레빌티―레케트 아하레이 하바후림 암―달 베암―아쉬르

> 10 가로되 내 딸아 여호와께서 네게 복주시기를 원하노라 네가 빈부를
> 물론하고 연소한 자를 좇지 아니하였으니 너의 베푼 인애가 처음보
> 다 나중이 더하도다

3:10은 보아스가 룻의 행동에 대하여 칭찬하는 말이다. 여기서 룻의 선한 행동에는 고국인 모압과 친정 부모를 떠나 시어머니 나오미에게 충성한 것을 포함한다(2:11). 더 나아가 가족으로서 행해야 할 의무를 성실히 수행하며, 시어머니 나오미를 의지하고 복종한 것까지 포함한다. 특히 보아스는 룻이 더 좋은 선택을 버리고 자신의 환경을 따른 것을 높이 평가하였다.

연소한 자를 좇지 아니하였다(레빌티-레케트 아하레이 하바후림, לכת-אחרי הבחורים לבלתי)의 의미는 '네 자신이(결혼하려고) 젊은 자를 선택하지 아니하였다'는 뜻이다. 히브리어 표현 가운데 할라크 아하레이(הלך אחרי)가 있는데, 문자적으로 '~를 따르다'이지만 주로 남녀관계를 묘사할 때 사용하는 표현이다.[112] 특히 이러한 표현은 불법적인 성적 교류를 의미할 때 많이 사용된다. 연소한 자를 선택하지 않았다는 것은 보아스의 들판에서 일하던 일꾼 가운데 젊은 자를 선택하지 않았다는 의미일 것이다.

연소한 자(바호르, בחור)는 청소년이 아니라 이스라엘의 군대와 사회의 한 계층을 형성하는 자들을 의미한다.[113]

---

112) R.L. Hubbard Jr., *The Book of Ruth*, p. 214.

빈부를 물론하고(임 달 베임 아쉬르, אם־דל ואם־עשיר)의 표현을 통하여 룻의 결혼이 돈이나 사랑을 위한 결혼이라기보다는 가족에게 충성하는 선택이었음을 알 수 있다. 즉 나오미의 선택에 순종하는 결혼을 뜻하며, 더 크게는 수혼법을 지키는 결혼을 의미한다.

11 ועתה בתי אל־תיראי כל אשר־תאמרי אעשה־לך כי יודע
כל־שער עמי כי אשת חיל את:

11 베아타 비티 알-티르이 콜 아쉐르-토므리 에에세-라크 키 요데아 콜-샤아르 아미 키 에쉐트 하일 아트

11 내 딸아 두려워 말라 내가 네 말대로 네게 다 행하리라 네가 현숙한 여자인 줄 나의 성읍 백성이 다 아느니라

3:11에서 보아스는 룻의 요구대로 다 행하겠다고 말한다. 뿐만 아니라 룻에 대한 칭찬을 아끼지 않는다. 룻에 대해 **현숙한 여인**(에쉐트 하일, אשת חיל)이라고 표현한 히브리어 하일(חיל)은 2:1에서 보아스를 유력한 자로 묘사할 때 사용한 단어이다. 비록 2:1에서는 보아스의 재력이나 사회적인 지위를 내포하는 용어로 사용되었지만 3:11에서는 룻의 됨됨이를 나타내는 용어로 사용되었다. **114)**

---

113) J. M. Sasson, *Ruth: A New Translation with a Philological Commentary and a Formalist-Folklorist Interpretation*, p. 85.

12 ועתה כי אמנם כי אם גאל אנכי וגם יש גאל קרוב ממני:

12 베아타 키 옴남 키 임 고엘 아노키 베감 예쉬 고엘 카로브 미메니

12 참으로 나는 네 기업을 무를 자나 무를 자가 나보다 더 가까운 친족
이 있으니

3:12-13은 이해하기 매우 어려운 구절이다. 히브리어 표현 베아타
키 옴남 키(ועתה כי אמנם כי)는 '이것이 사실이다' 라는 뜻이다. 즉 '분
명히 내가 기업 무를 자라는 것은 사실이다' (아타 키 옴남 키 임 고엘 아노키,
ועתה כי אמנם כי אם גאל אנכי)라는 뜻이다. 그러나 문법적으로는 키 임
(כי אם)에서 אם에 모음이 없기 때문에 אם을 어떻게 읽어야 하는지가
문제이다. 그러나 히브리어 성경에서는 אם을 생략하고 단지 관계대
명사 키(כי)만 읽는다.

기업을 무를 자(고엘, גאל)의 문자적인 의미는 '구원자' 이다. 아이가
없는 여인에게 아이를 낳게 해줄 구원자라는 뜻이다.

기업을 무를 자에 관한 규정은 레위기 25:23-25와 47-50에 기록
되어 있다.

---

114) J. M. Sasson, *Ruth: A New Translation with a Philological Commentary and a Formalist-Folklorist Interpretation*, p. 87.

레위기 25장 23-25절

23 토지를 영구히 팔지 말 것은 토지는 다 내 것임이니라 너희는 거류민이요 동거하는 자로서 나와 함께 있느니라 24 너희 기업의 온 땅에서 그 토지 무르기를 허락할지니 25 만일 네 형제가 가난하여 그의 기업 중에서 얼마를 팔았으면 그에게 가까운 기업 무를 자가 와서 그의 형제가 판 것을 무를 것이요

레위기 25장 47-49절

47 만일 너와 함께 있는 거류민이나 동거인은 부유하게 되고 그와 함께 있는 네 형제는 가난하게 되므로 그가 너와 함께 있는 거류민이나 동거인 또는 거류민의 가족의 후손에게 팔리면 48 그가 팔린 후에 그에게는 속량 받을 권리가 있나니 그의 형제 중 하나가 그를 속량하거나 49 또는 그의 삼촌이나 그의 삼촌의 아들이 그를 속량하거나 그의 가족 중 그의 살붙이 중에서 그를 속량할 것이요 그가 부유하게 되면 스스로 속량하되 50 자기 몸이 팔린 해로부터 희년까지를 그 산 자와 계산하여 그 연수를 따라서 그 몸의 값을 정할 때에 그 사람을 섬긴 날을 그 사람에게 고용된 날로 여길 것이라

히브리어 옴남(אמנם)이란 단어는 문자적으로 '분명히' 라는 뜻을 갖는데 일반적으로 단언적인 문장에서 많이 사용된다.[115]

무를 자가 나보다 더 가까운 친족이 있으니(감 예쉬 고엘, גם יש גאל)는 앞의

---

115) J. M. Sasson, *Ruth: A New Translation with a Philological Commentary and a Formalist-Folklorist Interpretation*, p. 89.

언급에 대한 반대적 의미를 갖는다. 보아스는 자신이 기업 무를 자라고 말했지만 자신보다 더 가까운 친족이 있어, 그 친족이 기업을 무를 경우 보아스가 무를 수 없다. 그래서 앞의 언급에 대한 반대적 의미를 나타낸다. 이러한 표현을 위해서 히브리어 감(בם)이 사용되었다. 히브리어 감(בם)은 반대 문장을 나타낼 때 사용된다.

이러한 문법적인 조사를 통하여 12절의 보아스의 의도는 자신이 기업 무를 자가 아님을 강조하는 것이다.

13 ליני הלילה והיה בבקר אם־יגאלך טוב יגאל ואם־לא
יחפץ לגאלך וגאלתיך אנכי חי־יהוה שכבי עד־הבקר:

13 리니 하라일라 베하야 바보케르 임-이그아레크 토브 이그알 베임-로 야흐포쯔 레고알레크 우그알티크 아노키 하이-아도나이 쉬크비 아드-하보케르

13 이 밤에 여기서 머무르라 아침에 그가 기업 무를 자의 책임을 네게 이행하려 하면 좋으니 그가 그 기업 무를 자의 책임을 행할 것이니라 만일 그가 기업 무를 자의 책임을 네게 이행코자 아니하면 여호와의 사심으로 맹세하노니 내가 기업 무를 자의 책임을 네게 행하리라 아침까지 누울지니라

3:13에서는 보아스가 앞으로 진행해야 할 일의 절차와 룻의 행동에 관하여 지시한다.

머무르라(리니, לִינִי)로 번역된 히브리어 동사 룬(לוּן)은 다른 동사(샤카브, שָׁכַב)와 달리 성적인 관계가 없을 때에 사용한다. [116)

아침에 그가 기업 무를 자의 책임을 네게 이행하려 하면 좋으니 그가 그 기업 무를 자의 책임을 행할 것이니라(베하야 바보케르 임-이그아레크 토브 이그알, וְהָיָה בַבֹּקֶר אִם־יִגְאָלֵךְ טוֹב יִגְאָל)는 '아침에 그가 너를 구원하면 좋고 그가 구원할 것이다' 라는 뜻이다.

여호와의 사심으로(하이-아도나이, חַי־יְהוָה)라고 번역된 부분은 번역상의 논쟁이 많은 곳이다. 문자적으로 번역하면, '여호와는 살아계시다' (YHWH is living 혹은 YHWH lives)이다. 그러나 그린버그(M. Greenberg)는 이 구절을 '여호와의 삶으로' (by YHWH's life)라고 번역하였다. [117)

וַתִּשְׁכַּב מַרְגְּלֹתָו עַד־הַבֹּקֶר וַתָּקָם בְּטֶרֹום יַכִּיר אִישׁ אֶת־רֵעֵהוּ 14
וַיֹּאמֶר אַל־יִוָּדַע כִּי־בָאָה הָאִשָּׁה הַגֹּרֶן:

[14] 바티슈카브 마르글로타브 아드-하보케르 바타캄 베테롬 야키르 이쉬 에트-레에후 바요메르 알-이바다아 카-바아 하이샤 하고렌

[14] 룻이 새벽까지 그 발치에 누웠다가 사람이 피차 알아보기 어려울 때에 일어났으니 보아스의 말에 여인이 타작마당에 들어온 것을 사람이 알지 못하여야 할 것이라 하였음이라

---

116) J. M. Sasson, *Ruth: A New Translation with a Philological Commentary and a Formalist-Folklorist Interpretation*, p. 90.
117) H. W. Wolff, *Hosea*, Hermeneia (Philadelphia: Fortress, 1974), pp. 89-90.

3:14은 룻이 눈에 띠지 않는 이른 시간에 돌아가기 위하여 준비하는 모습을 소개한다. 특히 보아스의 말에 따라 다른 사람의 눈에 띠지 않게 조심스럽게 행동한다.

그 발치(마르글로타브, מרגלתו)의 문자적인 의미는 '그의 발'이다. 하지만 이것의 정확한 형태는 마르글로타이브(מרגלותיו)이다. 따라서 마르글로타이브로 고쳐서 읽을 것을 제안한다.

어려울 때(트롬, טרום)는 일반적으로 '~전에'로 번역되어 본문의 의미는 '알아보기 전에'이다. 그러나 히브리어 트롬의 정확한 의미를 알 수 없다. 왜냐하면 트롬의 형태가 3:14에만 사용되기 때문이다. '~전에'라는 뜻을 지닌 가장 보편적인 형태는 테렘(טרם)이기 때문에 테렘으로 고쳐 읽어야 한다.

사람이 피차 알아보기 어려울 때(비트롬 야키르 이쉬 에트-레에후, איש את־רעהו בטרום יכיר)의 의미는 '사람이 그의 친구를 알아보기 전에'이다. 따라서 여기서 룻을 알아보는 사람은 함께 일하였던 보아스의 추수꾼이라 할 수 있다.

15 ויאמר הבי המטפחת אשר־עליך ואחזי־בה ותאחז בה וימד
שש־שערים וישת עליה ויבא העיר׃

15 바요메르 하비 하미트파하트 아쉐르-알라이크 베에하지-바 바토헤즈 바 바야마드 쉐쉬-스오림 바야쉐트 알레이하 바야보 하이르

¹⁵ 보아스가 가로되 네 겉옷을 가져다가 펴서 잡으라 펴서 잡으니 보리를 여섯 번 되어 룻에게 이워주고 성으로 들어가니라

3:15에서는 보아스가 룻을 빈손으로 보내지 않고 보리를 주는 장면을 기록하고 있다.

겉옷(미트파하트, משפחת)을 뜻하는 히브리어는 '여성의 겉옷'을 지칭하는 것으로 이사야 3:22와 룻기 3:15에서만 두 차례 사용되었다.

가져다가 펴서 잡으라(하바, הבה)로 번역된 히브리어 동사의 의미는 '주다'이다. 따라서 본문의 의미는 '겉옷을 내에 주어라'이다.

여섯 번 되어(야마드 쉐쉬-스오림, ימד שש-שערים)의 문자적 의미는 '그가 여섯 보리를 되어'이다. 그러나 많은 영어성경에서는 여섯 에바의 보리(six ephahs of barley)를 주었다고 번역한다(NKJV). 만약 여섯 에바를 주었다고 해석한다면 룻이 약 80kg 정도 되는 보리를 어떻게 가져갔는지 의문스럽다. 여섯 세아(약 26kg) 혹은 여섯 오메르(약 13.2kg) 정도가 가장 가능성 있는 무게일 것이다. **118)**

이워주고(야쉐트 알레이하, ישת עליה)의 문자적인 의미는 '그녀에게 (올려) 놓고'이다. 히브리어 동사 √שית의 의미는 '놓다'이다.

훔버트(P. Humbert)는 보아스가 룻에게 곡식을 준 것은 룻이 다른 사

118) J. M. Sasson, *Ruth: A New Translation with a Philological Commentary and a Formalist-Folklorist Interpretation*, p. 96.

람들에게 발견되면 곡식을 얻으러 온 것이라고 변명하기 위해서라고 설명한다. [119) 그러나 룻이 새벽녘에 나가는 것이나 추수한 지 얼마 되지 않아 곡식을 얻으러 온 것은 적당한 설명이 될 수 없다. 오히려 궁켈(H. Gunkel)은 보아스가 룻에게 행한 모든 일의 진실성을 보여주기 위하여 곡식을 주었을 것이라고 이해한다. 이와 반대로 루돌프(Rudolph)는 이 곡식은 나오미를 위한 선물이었을 것으로 추정한다. 왜냐하면 보아스와 룻의 관계를 재촉하기 위한 나오미의 역할이 필요했기 때문이다. [120) 이러한 사실은 17절을 통해서도 잘 알 수 있다.

16 וַתָּבוֹא אֶל־חֲמוֹתָהּ וַתֹּאמֶר מִי־אַתְּ בִּתִּי וַתַּגֶּד־לָהּ אֵת כָּל־אֲשֶׁר עָשָׂה־לָהּ הָאִישׁ׃

16 바타보 엘—하모타 바토메르 미—아트 비티 바타게드—라 에트 콜—아쉐르 아사—라 하이쉬

16 룻이 시모에게 이르니 그가 가로되 내 딸아 어떻게 되었느냐 룻이 그 사람의 자기에게 행한 것을 다 고하고

3:16에서는 룻이 집으로 돌아와 시어머니 나오미에게 보아스가 자

---

119) J. M. Sasson, *Ruth: A New Translation with a Philological Commentary and a Formalist-Folklorist Interpretation*, p. 97에서 재인용함.

120) J. M. Sasson, *Ruth: A New Translation with a Philological Commentary and a Formalist-Folklorist Interpretation*, p. 97.

신에게 행한 모든 일을 보고하고 있다.

내 딸아 어떻게 되었느냐(미-아트 비티, מי־אַתְּ בִּתִּי)는 나오미의 질문으로 문자적으로는 '내 딸아 너는 누구냐?' 이다. 이러한 질문은 3:9에서 보아스가 발치에 누워 있는 룻에게 질문한 것과 같다. 그러나 나오미가 룻에게 이런 질문을 한다는 것은 매우 어색하다. 따라서 사람의 신분이나 이름을 물어보는 히브리어 의문대명사 미(מי; who?)를 상황을 나타내는 의문대명사로 이해한다. 따라서 본문의 의미는 우리말 번역처럼 '내 딸아 어떻게 되었느냐?' 로 번역할 수 있다.**121)**

핵심 메시지

● 이방 여인 룻의 요구(결혼 및 기업을 물러달라는 부탁)를 거절하지 않는 보아스의 자비로움은 그가 얼마나 신실한 하나님의 사람인지 보여준다.

룻기 3:17-18

3:17-18은 룻이 보아스가 준 곡식을 집으로 가지고 돌아가 밤새 일어난 일을 나오미에게 말하는 내용을 기록하고 있다.

---

121) J. M. Sasson, *Ruth: A New Translation with a Philological Commentary and a Formalist-Folklorist Interpretation*, p. 100.

17 וַתֹּאמֶר שֵׁשׁ־הַשְּׂעֹרִים הָאֵלֶּה נָתַן לִי כִּי אָמַר כָּךְ אֵל־תָּבֹוֹאִי
רֵיקָם אֵל־חֲמוֹתֵךְ:

17 바토메르 쉐슈-하스오림 하엘레 나탄 리 키 아마르 카크 알-타보이 레이캄
엘-하모테크

17 가로되 그가 내게 이 보리를 여섯 번 되어 주며 이르기를 빈손으로
네 시모에게 가지 말라 하더이다

3:17에서는 룻이 보아스가 자신에게 준 보리에 대하여 나오미에게
이야기한다. 룻은 보아스가 시모인 나오미에게 빈손으로 가지 말라
며 보리를 주었다고 말한다. 특히 보아스가 나오미에게 선물을 보냄
으로써 이 일에 나오미의 역할이 중요함을 암시하고 있다.

18 וַתֹּאמֶר שְׁבִי בִתִּי עַד אֲשֶׁר תֵּדְעִין אֵיךְ יִפֹּל דָּבָר כִּי לֹא
יִשְׁקֹט הָאִישׁ כִּי־אִם־כִּלָּה הַדָּבָר הַיּוֹם:

18 바토메르 슈비 비티 아드 아쉐르 테드인 에이크 이폴 다바르 키 로 이쉬코트
하이쉬 카-임-킬라 하다바르 하욤

18 이에 시모가 가로되 내 딸아 이 사건이 어떻게 되는 것을 알기까지
가만히 앉아 있으라 그 사람이 오늘날 이 일을 성취하기 전에는 쉬
지 아니하리라

3:18에서 나오미는 룻에게 일이 계획대로 잘 진행되면 그 다음 그 결과를 조용히 기다리라고 권면한다.

가만히 앉아 있으라(슈비, שְׁבִי)의 의미는 두려워하지 말고 '참고 있으라'(be patient)는 의미이다. 일의 결과가 나타날 때까지 가만히 기다리라는 것이다. **그 사람이 오늘날 이 일을 성취하기 전에는 쉬지 아니하리라**(로 이쉬코트 하이쉬 키-임-킬라 하다바르 하욤, לֹא יִשְׁקֹט הָאִישׁ כִּי־אִם־כִּלָּה הַדָּבָר הַיּוֹם)의 의미는 '그 사람이 오늘 이 일을 완성할 때까지 쉬지 않을 것이다' 는 뜻으로 '그가 오늘 이 일을 완성할 것이다' 는 의미를 내포하고 있다.

핵심 메시지
● 나오미를 배려하는 보아스의 자비로움.

룻기 3장의 신학적 주제

룻기 3장에서는 룻과 보아스의 개인적인 만남을 통하여 문제를 해결한다. 룻기 3장에 대하여 일반적인 관점을 성적인 교제에 맞추어 설명하는데 그것보다는 만남 자체에 의미를 부여해야 한다. 성적인 결합은 4장에서 발견한 내용을 기술한다. 3장은 룻과 보아스의 만남을 통하여 룻이 희망을 발견한다. 비록 그녀의 남편에 대한 확실성은

4장에서 결정되지만 그녀가 이제 재혼에 대한 희망을 갖게 되었다. 따라서 룻기 3장은 베들레헴으로 돌아온 룻과 나오미가 회복되기 위한 상황을 제공한다.

룻기

제4장

The Book of Ruth

룻기 4장

룻기 4장은 보아스와 룻의 결혼 이야기(1-12), 보아스와 그의 아들 그리고 나오미 가족의 회복에 관한 이야기(13-17), 그리고 보아스와 그의 아들의 족보(18-22)로 구성되어 있다.

룻기 4:1-12은 보아스가 룻의 기업 무를 자로 결정되어 룻과 결혼하기까지의 법적인 내용을 기록하고 있다. 보아스의 아들이 나오미의 봉양 자가 되었음을 기록하고 있다(13-17절). 특히 보아스와 룻의 결혼으로 출생한 아들은 마치 다말이 유다에게 낳아준 베레스와 같다고 설명하고 있다. 룻기 4:18-22에서는 보아스로부터 다윗 왕까지 10대의 족보가 기록되어 있다. 따라서 보아스는 다윗까지를 연결해 주는 중요한 역할을 한다.

룻기 4:1-12

1 וּבֹעַז עָלָה הַשַּׁעַר וַיֵּשֶׁב שָׁם וְהִנֵּה הַגֹּאֵל עֹבֵר אֲשֶׁר דִּבֶּר־בֹּעַז

וַיֹּאמֶר סוּרָה שְׁבָה־פֹּה פְּלֹנִי אַלְמֹנִי וַיָּסַר וַיֵּשֵׁב׃

[1] 우보아즈 알라 하샤아르 바예쉐브 샴 베히네 하고엘 오베르 아쉐르 디베르-보아즈 바요메르 수라 슈바-포 플로니 알모니 바야사르 바예쉐브

[1] 보아스가 성문에 올라가서 거기 앉았더니 마침 보아스의 말하던 기업 무를 자가 지나는지라 보아스가 그에게 이르되 아무여 이리로 와서 앉으라 그가 와서 앉으매

4:1에서는 보아스가 룻에 대하여 기업 무를 권한이 더 가까운 친족에게 있기 때문에 그 권한을 행세할 것인가를 묻는 장면이다.

본문은 이 사건이 성문에서 행해졌다고 기록하고 있다. 그 이유는 고대 이스라엘에서는 사람들이 많이 왕래하는 성문에서 공식적인 재판이 행해졌기 때문이다(신 21:19, 22:15; 룻 4:1-12; 암 5:10, 12, 15; 슥 8:16). 특히 스가랴 8:16에 의하면 "너희는 각기 이웃으로 더불어 진실을 말하며 너

텔-단(Tel Dan)의
성문 근처에서 재판하던 장소

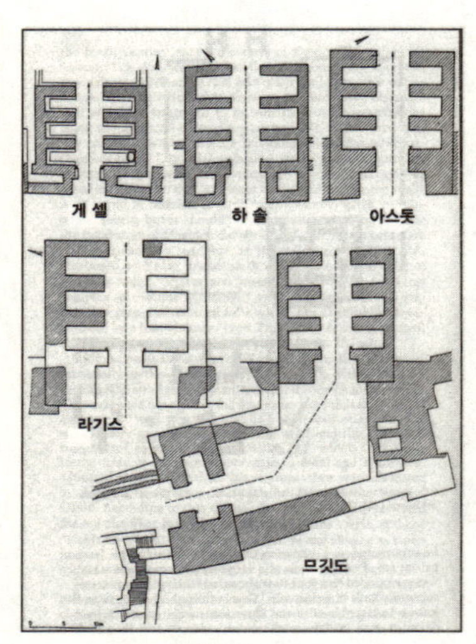

고대 이스라엘 성문 평면도

회 성문에서 진실하고 화평한 재판 (미슈파트 샬롬, משפט שלום)을 베풀라" 고 기록하고 있다. 룻기 4장에서 보아스는 스가랴 8:16처럼 기업무름에 대하여 재판장 역할을 하였던 장로들 앞에서 재판을 요청하고 있다. 고대 이스라엘 특히 철기시대의 성문은 성문에 작은 방을 만드는 형식(chamber gate)으로 건축하였다. 철기시대의 성문은 여섯 방 형식(six chamber gate)으로 만들었다.

2 ויקח עשרה אנשים מזקני העיר ויאמר שבו-פה וישבו:

2 바이카흐 아사라 아나쉼 미지크네이 하이르 바요메르 슈부-포 바예쉐부

2 보아스가 성읍 장로 십 인을 청하여 가로되 당신들은 여기 앉으라 그들이 앉으매

4:2에서는 장로 열 명이 기업 무르는 일의 증인으로 세워졌다.

장로(자켄, זקן)는 구약성경에서 보편적으로 사용되는 단어이며, 그 뜻은 '늙은 사람' 이다(삿 19:16-22; 삼상 28:14; 창 25:8; 왕상 3:11 등). 그러나 포

176

로기 시대로 넘어가면서 장로는 특별한 사회 계층을 뜻하는 의미로
사용되었다(잠 31:33; 사 37:2; 렘 19:1; 겔 27:9; 욜 1:2, 2:16; 욥 32:9; 신 29:9; 애가 4:16
등). 즉 포로기와 포로기 이후 상황에서 장로가 사회의 지도자로서 계
층을 형성하면서 그 역할이 강조되었던 것이다.[122] 뿐만 아니라 장
로들은 그 지역 사회의 문제를 판결하는 재판관의 역할을 하였다.

3 וַיֹּאמֶר לַגֹּאֵל חֶלְקַת הַשָּׂדֶה אֲשֶׁר לְאָחִינוּ לֶאֱלִימֶלֶךְ מָכְרָה
נָעֳמִי הַשָּׁבָה מִשְּׂדֵה מוֹאָב:

3 바요메르 라고엘 헬카트 하사데 아쉐르 레아히누 레엘리멜렉 마크라 노오미 하

샤바 미스데 모압

3 보아스가 그 기업 무를 자에게 이르되 모압 지방에서 돌아온 나오미

가 우리 형제 엘리멜렉의 소유지를 관할하므로

4:3은 보아스가 장로들에게 현재의 재판 상황에 대하여 설명하고
있다.

나오미가 우리 형제 엘리멜렉의 소유지를 관할하므로(마카르, מכר)에서
'관할하다' 의 의미는 '팔다' 이다. 즉 '나오미가 엘리멜렉의 소유지
를 팔려고 한다' 는 뜻이다.

---

122) *HALOT I*, p. 278, 히브리어 자켄(זקן)이 '늙은 사람' 을 뜻하는지 아니면 사회적 계층을 지칭하는
지 정확히 구별하는 것은 쉽지 않다. *DCH III*, p. 131.

보아스는 나오미가 엘리멜렉의 소유지를 팔려고 하기 때문에 살 사람을 결정하기 위하여 재판을 청구했음을 밝힌다. 이 재판의 목적은 보아스가 나오미의 기업을 무르기 위하여 요청한 것이다.

4 וַאֲנִי אָמַרְתִּי אֶגְלֶה אָזְנְךָ לֵאמֹר קְנֵה נֶגֶד הַיֹּשְׁבִים וְנֶגֶד זִקְנֵי עַמִּי אִם־תִּגְאַל גְּאָל וְאִם־לֹא יִגְאַל הַגִּידָה לִּי וְאֵדַע כִּי אֵין זוּלָתְךָ לִגְאוֹל וְאָנֹכִי אַחֲרֶיךָ וַיֹּאמֶר אָנֹכִי אֶגְאָל:

4 바아니 아마르티 에겔레 오즈느레카 레모르 크네 네게드 하요쉬빔 베네게드 지크네이 아미 임-티그알 그알 베암-로 이그알 하기다 리 베에드아 키 에인 주라트카 리그올 베아노키 아하레이카 바요메르 아노키 에그알

4 내가 여기 앉은 자들과 내 백성의 장로들 앞에서 그것을 사라고 네게 고하여 알게 하려 하였노라 네가 무르려면 무르려니와 네가 무르지 아니하려거든 내게 고하여 알게 하라 네 다음은 나요 그 외에는 무를 자가 없느니라 그가 가로대 내가 무르리라

4:4은 장로들 앞에서 기업 무를 여부를 묻고, 만약 기업 무를 자가 무르지 않는다면 보아스가 대신 무르겠다고 설명하고 있다. 기업 무를 자는 자신이 그 일을 하겠노라고 대답한다. 즉 **내가 무르리라**(아노키 에그알, אָנֹכִי אֶגְאָל)고 대답한다.

5 וַיֹּאמֶר בֹּעַז בְּיוֹם־קְנוֹתְךָ הַשָּׂדֶה מִיַּד נָעֳמִי וּמֵאֵת רוּת הַמּוֹאֲבִיָּה
אֵשֶׁת־הַמֵּת קָנִיתִי לְהָקִים שֵׁם־הַמֵּת עַל־נַחֲלָתוֹ:

5 바요메르 보아즈 베욤–크노테카 하사데 미야드 노오미 우메에트 루트 하모아비
야 에쉐트–하메트 카니타이 레하킴 쉠–하메트 알–나할라토

5 보아스가 가로되 네가 나오미의 손에서 그 밭을 사는 날에 곧 죽은 자
의 아내 모압 여인 룻에게서 사서 그 죽은 자의 기업을 그 이름으로
잇게 하여야 할지니라

4:5에서 보아스는 기업 무를 자가 기업을 무른다는 것의 의미가 무
엇인지 구체적으로 설명해준다. 즉 룻을 아내로 맞이하여야 하며, 그
녀에게서 낳은 자녀를 통하여 엘리멜렉의 대를 이어야 함을 설명함
으로 기업 무를 자가 신중한 판단을 하도록 유도하며, 더 나아가 기
업 무를 권한의 포기를 유도한다. 따라스 보아스는 기업을 무를 자의
의무를 강조한다.

기업(나할라, נחלה)의 히브리어 나할라(נחלה)는 이스라엘 정착 초기나
후기 예언 문학에 주로 등장한다. **123)** 초기 시대에 사용된 나할라는
주로 조상(아보트, אבות, 민 36:3; 왕상 21:3-4; 잠언 19:14), **지파**(마테, מטה, 민 36:4;

---

123) J. S. Licht, "צדק, צדקה, צדיק" *Encyclopedia Biblica* 6 (1971): 678-685; K. Koch, "צדק sdq
gemeinschaftstreu / heilvoll sein," *TWAT* 2 (1976): 507-530; H. Ringgren, "צדק sedeq, צדקה
sedaqah, sadiq צדיק," *TWAT* 6 (1989): 898-903. 리히트(J.S. Licht), 코흐(K. Koch), 링그랜(H.
Ringgren)은 기업(נחלה)이라는 용어가 고대에 기원을 두고 있다고 설명한다.

수 15:20, 16:8, 18:20, 19:1, 8, 9), 야곱(사 58:14) 등 소규모 조직이 소유한 토지 소유권을 나타낸다. 그리고 이 '나할라'를 여러 명의 아들이 나누어 가진 것을 분깃(חלק)이라고 한다. 즉 여분네의 아들 갈렙이 유다 자손의 유업 가운데 나누어 받은 것이 분깃이다(수 15:13). 그러나 후기 시대의 기록에서 나할라는 백성(암, עם, 겔 46:18)이나 이스라엘(ישראל, 겔 35:15)과 같은 백성 전체를 나타내는 단어와 연결되어 사용된다. 따라서 나할라(유업)는 이스라엘 전체 상황을 나타내는 쇼메모트(שוממות, "황무하던 땅," 사 49:8)와 연결되어 자주 사용된다.124) 이와 같이 나할라는 지파의 땅을 총칭하는 용어로서 지파의 아들에 의해서만 상속될 수 있다.

6 ויאמר הגאל לא אוכל לגאול־לי פן־אשחית את־נחלתי
גאל־לך אתה את־גאלתי כי לא־אוכל לגאל:

6 바요메르 하고엘 로 우칼 리그올-리 펜-하쉐히트 에트-나할라티 그알-르카 아타 에트-게울라티 키 로-우칼 리그올

6 그 기업 무를 자가 가로되 나는 내 기업에 손해가 있을까 하여 나를 위하여 무르지 못하노니 나의 무를 권리를 네가 취하라 나는 무르지 못하겠노라

124) 왕조시대에 사용된 예는 나봇의 포도원 사건에서 찾을 수 있다. 열왕기하 21:4에서 나봇은 "내 조상의 유업을 왕께 줄 수 없다"고 대답하였다. 즉 나봇은 땅에 대한 전통적인 나할라(נחלה, 기업) 개념에 의해 토지 매매를 거부한 것이다.

4:6에서 엘리멜렉과 기룐, 말론의 기업을 무를 권한이 있는 자가 기업을 무름으로써 생길 손해 때문에 자신의 권한을 포기하고, 보아스에게 취하라고 말한다. 그가 이 기업 무를 권한을 취하면, 그는 나오미와 룻, 룻이 낳을 아들들 모두를 부양해야 한다. 뿐만 아니라 밭의 소유권도 자신의 아들에게 있는 것이 아니라 말론의 대를 잇는 아들의 소유가 된다. 따라서 기업을 무름으로써 자신에게 돌아오는 혜택이 없자 이 권한을 포기한 것이다.

본문을 통하여 고대 이스라엘에서 기업 무를 권한을 포기하면 다음 기업 무를 자가 이 권한을 취하는 예가 있었음을 보여준다.

7 וְזֹאת לְפָנִים בְּיִשְׂרָאֵל עַל־הַגְּאֻלָּה וְעַל־הַתְּמוּרָה לְקַיֵּם כָּל־דָּבָר שָׁלַף אִישׁ נַעֲלוֹ וְנָתַן לְרֵעֵהוּ וְזֹאת הַתְּעוּדָה בְּיִשְׂרָאֵל׃

7 베조트 레파님 베이스라엘 알-하게울라 베알-하트무라 레카옘 콜-다바르 샬라프 이쉬 나알로 베나탄 레레에후 베조트 하테우다 베이스라엘

7 옛적 이스라엘 중에 모든 것을 무르거나 교환하는 일을 확정하기 위하여 사람이 그 신을 벗어 그 이웃에게 주더니 이것이 이스라엘의 증명하는 전례가 된지라

4:7-8에는 신발을 벗어 던지는 의식에 관하여 기록하고 있다. 문학적인 관점에서 7절은 매우 이상하다. 왜냐하면 기업 무르는 자의 대

화(6절)와 그의 행동(8절) 사이에 단절이 발견되기 때문이다. 따라서 7-8절을 후대의 첨가 부분으로 이해하기도 한다.[125] 룻기의 저자는 독자들의 이해를 돕기 위하여 과거 이스라엘의 관습을 설명하는 부분을 첨가한 것이다.

신을 벗어 그 이웃에게 주는 관습은 신명기 25:5-10에 자세히 기록되어 있다.

신명기 25장 5-10절

5 형제들이 함께 사는데 그 중 하나가 죽고 아들이 없거든 그 죽은 자의 아내는 나가서 타인에게 시집 가지 말 것이요 그의 남편의 형제가 그에게로 들어가서 그를 맞이하여 아내로 삼아 그의 남편의 형제 된 의무를 그에게 다 행할 것이요 6 그 여인이 낳은 첫 아들이 그 죽은 형제의 이름을 잇게 하여 그 이름이 이스라엘 중에서 끊어지지 않게 할 것이니라 7 그러나 그 사람이 만일 그 형제의 아내 맞이하기를 즐겨하지 아니하면 그 형제의 아내는 그 성문으로 장로들에게로 나아가서 말하기를 내 남편의 형제가 그의 형제의 이름을 이스라엘 중에 잇기를 싫어하여 남편의 형제 된 의무를 내게 행하지 아니하나이다 할 것이요 8 그 성읍 장로들은 그를 불러다가 말할 것이며 그가 이미 정한 뜻대로 말하기를 내가 그 여자를 맞이하기를 즐겨하지 아니하노라 하면 9 그의 형제의 아내가 장로들 앞에서 그에게 나아가서 그의 발에서 신을 벗기고 그의 얼굴에 침을 뱉으며 이르기를 그의 형

125) R.L. Hubbard Jr., *The Book of Ruth*, pp. 247-248.

제의 집을 세우기를 즐겨 아니하는 자에게는 이같이 할 것이라 하고 10 이스라엘 중에서 그의 이름을 신 벗김 받은 자의 집이라 부를 것이니라

특별히 신발은 고대 이스라엘에게 있어서 힘, 소유, 통치의 상징이었다(수 10:24; 시 8:6, 60:8) **126)** 따라서 다윗이 맨발로 걸었다는 것은 힘이 없으며 매우 천한 존재임을 상징적으로 보여준 것이다(삼하 15:30; 사 20:2-4; 겔 24:17)

뿐만 아니라 신발은 소유권의 이동을 상징하기도 했다. 따라서 구약성경에서 어떤 땅에 발을 들여놓는 것은 곧 소유권을 인정하는 것이었다(신 1:36, 11:26; 수 1:3, 14:9). 아브라함이 가나안 땅을 걸은 것(창 13:17)이나 야곱이 가나안에 눕는 것(창 28:13) 등이 모두 토지 소유권을 상징적으로 나타내는 관습을 배경으로 한 것이다. **127)** 따라서 룻기 4:7은 고대 이스라엘의 관습에 의하여 한 행동이었다.

이것이(조트, זאת)는 앞에서 설명한 것을 결론지을 때 항상 사용하는 히브리어 용법이다(창 49:28; 신 4:44, 6:1; 사 14:26 등). **128)**

---

126) R.L. Hubbard Jr., *The Book of Ruth*, p. 251.

127) E. R. Lacheman, "Note on Ruth 4:7-8," *JBL* 56 (1937), pp. 53-54.

128) J. M. Sasson, *Ruth. A New Translation with a Philological Commentary and Formalist-Folklorist Interpretation*, p. 147.

8 וַיֹּאמֶר הַגֹּאֵל לְבֹעַז קְנֵה־לָךְ וַיִּשְׁלֹף נַעֲלוֹ:

8 바요메르 하고엘 레보아즈 크네—라크 바이쉬로프 나알로

8 이에 그 기업 무를 자가 보아스에게 이르되 네가 너를 위하여 사라하
고 그 신을 벗는지라

4:8에서 기업 무를 자가 자신을 대신하여 기업을 보아스에게 무르
라고 말한다. 즉 자신의 권한을 보아스에게 넘겨주는 것이다.
신을 벗는지라(이쉬로프 나알로, יִּשְׁלֹף נַעֲלוֹ)는 앞에서 설명했듯이 자신의
소유권을 넘겨주는 상징적인 행동이다

9 וַיֹּאמֶר בֹּעַז לַזְּקֵנִים וְכָל־הָעָם עֵדִים אַתֶּם הַיּוֹם כִּי קָנִיתִי
אֶת־כָּל־אֲשֶׁר לֶאֱלִימֶלֶךְ וְאֵת כָּל־אֲשֶׁר לְכִלְיוֹן וּמַחְלוֹן מִיַּד נָעֳמִי:

9 바요메르 보아즈 라즈케님 베콜—하암 에딤 아템 하욤 키 카니티 에트—콜—아쉐
르 레엘리멜렉 베에트 콜—아쉐르 레킬리욘 우마흘론 미야드 노오미

9 보아스가 장로들과 모든 백성에게 이르되 내가 엘리멜렉과 기룐과
말론에게 있던 모든 것을 나오미의 손에서 산 일에 너희가 오늘날 증
인이 되었고

4:9에서 보아스는 장로들에게 자신이 엘리멜렉과 기룐과 말론의
모든 것을 나오미에게서 산 증인임을 선언한다. 자신이 이제 이 기업

무를 권한을 갖게 되었음을 천명한 것이다.

증인(에드, עֵד)은 고대 이스라엘에서 2인 이상이 되어야 효력이 있다 (신 19:15).

신을 벗는 의식을 통하여 계약이 정당하게 성사되었음을 나타내는 상징적인 행동이 있었지만 보아스는 다시 한 번 장로들에게 자신이 엘리멜렉의 기업을 잇게 되었음을 선포한다.

10 וְגַם אֶת־רוּת הַמֹּאֲבִיָּה אֵשֶׁת מַחְלוֹן קָנִיתִי לִי לְאִשָּׁה לְהָקִים שֵׁם־הַמֵּת עַל־נַחֲלָתוֹ וְלֹא־יִכָּרֵת שֵׁם־הַמֵּת מֵעִם אֶחָיו וּמִשַּׁעַר מְקוֹמוֹ עֵדִים אַתֶּם הַיּוֹם׃

10 베감 에트-루트 하모아비야 에쉐트 마흐론 카니티 리 레이샤 레하킴 쉠-하메트 알-나할라토 베로-이카레트 쉠-하메트 메임 에하브 우미샤아르 메코모 에딤 아템 하욤

10 또 말론의 아내 모압 여인 룻을 사서 나의 아내로 취하고 그 죽은 자의 기업을 그 이름으로 잇게 하여 그 이름이 그 형제 중과 그곳 성문에서 끊어지지 않게 함에 너희가 오늘날 증인이 되었느니라

4:10에서 보아스는 말론의 아내였던 룻을 사서 자신의 아내로 취하고 그녀가 낳은 아들을 통하여 말론의 대를 잇겠다고 선포한다.

죽은 자의 기업은 말론의 기업을 말하는데 이제 보아스가 그 기업을

잇겠다고 한다. 이것은 거슬러서 엘리멜렉의 기업을 잇겠다는 뜻이
다. 또한 이것은 엘리멜렉과 말론의 이름이 더이상 이스라엘 족보에
서 없어지지 않게 되었음을 말하는 것과 같다.

11 וַיֹּאמְרוּ כָּל־הָעָם אֲשֶׁר־בַּשַּׁעַר וְהַזְּקֵנִים עֵדִים יִתֵּן יְהוָה
אֶת־הָאִשָּׁה הַבָּאָה אֶל־בֵּיתֶךָ כְּרָחֵל וּכְלֵאָה אֲשֶׁר בָּנוּ שְׁתֵּיהֶם
אֶת־בֵּית יִשְׂרָאֵל וַעֲשֵׂה־חַיִל בְּאֶפְרָתָה וּקְרָא־שֵׁם בְּבֵית לָחֶם:

11 베요무루 콜-하암 아쉐르-바샤아르 베하즈크케님 에딤 이텐 아도나이 에트-
이샤 하바아 엘-베이테카 케라헬 우케레아 아쉐르 바누 슈테이헴 에트-베이
트 이스라엘 바아세-하일 베에프라타 우크라-쉠 베베이트 라헴

11 성문에 있는 모든 백성과 장로들이 이르되 우리가 증인이 되나니 여
호와께서 네 집에 들어가는 여인으로 이스라엘의 집을 세운 라헬과
레아 두 사람과 같게 하시고 네가 에브랏에서 유력하고 베들레헴에
서 유명하게 하시기를 원하며

4:11은 성문에서 이 광경을 지켜보던 백성들과 증인이었던 장로들
이 보아스를 축복해주는 장면이다.

유력하고(아세-하일, עֲשֵׂה־חַיִל)의 문자적인 의미는 '명예와 부 그리고 자

---

129) C. Pressler, *Joshua, Judges, and Ruth*, WBC, (Louisville · London: Westminster John Knox Press, 2002), p. 301.

손을 얻는 것' 이라는 의미이다. **129)** 즉 '유명해지다' 라는 뜻이다.

11절은 룻을 야곱의 두 아내였던 라헬과 레아와 비교한다. 이 두 여인의 후손을 통하여 이스라엘 열두 지파가 형성되었듯이 룻의 후손을 통하여 이스라엘이 다시 세워지기를 바라는 마음이 담겨 있다.

이스라엘의 집을 세운 라헬과 레아 두 사람과 같게 하시고에서 이스라엘의 집은 이스라엘의 열 두 지파를 의미한다. 창세기 29-30, 35:16-18에 의하면 라헬(Rachel)과 레아(Leah) 그리고 두 여종 빌하(Bilhah)와 실바(Zilpah)에 의하여 이스라엘의 열 두 지파가 시작되었다. 라헬과 레아는 이스라엘의 창설자로 간주되었다. 라헬과 레아는 이스라엘 집을 세웠다. 히브리어 표현 가운데 집을 세운다는 것은 가족을 세우는 것이거나(신 25:9, 창 16:2, 30:3) 왕조를 세운다는 의미를 가지고 있다(삼상 2:35, 삼하 7:27, 왕상 11:38)

וִיהִי בֵיתְךָ כְּבֵית פֶּרֶץ אֲשֶׁר־יָלְדָה תָמָר לִיהוּדָה מִן־הַזֶּרַע 12
אֲשֶׁר יִתֵּן יְהוָה לְךָ מִן־הַנַּעֲרָה הַזֹּאת:

12 비히 베이트카 케베이트 페레쯔 아쉐르-얄다 타마르 리후다 민-하제라 아쉐르
이텐 아도나이 르카 민-하나아라 하조트

12 여호와께서 이 소년 여자로 네게 후사를 주사 네 집으로 다말이 유다에게 낳아준 베레스의 집과 같게 하시기를 원하노라

4:12에서는 룻의 신세를 다말의 신세와 비교하고 있다. 두 여인 모두 아이가 없었고, 위기 뒤에 아이를 낳았다는 점에서 유사하며, 그 후손들을 통하여 족보가 이어진다는 점에서 통일성을 찾을 수 있다. 두 여인이 모두 이방 여인이라는 점도 같다.

12절을 통하여 우리는 베들레헴 사람들이 보아스의 집안이 유다에서 베레스의 집안처럼 매우 유력한 가문이 되기를 바라는 마음을 읽을 수 있다.[130] 그런데 보아스 집안이 이처럼 유력한 가문이 되는 것은 룻을 통하여 생산되는 후손으로 인함이다.

핵심 메시지

- 룻과의 약속을 지키기 위하여 공적인 절차에 의하여 기업을 무르는 보아스 그리고 이방 여인이었던 룻과의 약속을 성실히 지키는 보아스.
- 이방여인의 행복을 축하하는 베들레헴 사람들은 보아스와 룻의 결혼을 축하한다.

룻기 4:13-17

4:13-17은 나오미가 아들을 얻는 이야기이다.

---

130) R. L. Hubbard Jr., *The Book of Ruth*, p. 261.

13 וַיִּקַּח בֹּעַז אֶת־רוּת וַתְּהִי־לוֹ לְאִשָּׁה וַיָּבֹא אֵלֶיהָ וַיִּתֵּן

יְהוָה לָהּ הֵרָיוֹן וַתֵּלֶד בֵּן:

13 바이카흐 보아즈 에트-루트 바테하-로 레이샤 바야보 에레이하 바이텐 아도나

이 라 헤라이온 바텔레드 벤

13 이에 보아스가 룻을 취하여 아내를 삼고 그와 동침하였더니 여호와

께서 그로 잉태케 하시므로 그가 아들을 낳은지라

4:13은 보아스가 룻을 위하여 기업을 무르고, 아내로 맞이하게 되자 여호와께서 아들을 낳게 하셨다고 기록하고 있다. 12절에 기록된 것이 성취된 것이다.

취하여(라카흐, לקח)의 문자적인 의미는 '취하다' 이지만 본문에서 이 동사의 의미는 '결혼하다' 이다. 즉 '보아스가 룻과 결혼하여' 라는 의미이다.

아내를 삼고(테히-로 레이샤, ותהי־לו לאשה)의 정확한 의미는 '그에게 아내가 되고' 이다. 13절에서 룻에게 '아내' (이샤, אשה)라는 호칭이 붙여진 것이다. 앞에서 룻은 자신을 시녀라고 대답하였다.

그와 동침하였더니(야보 에레이하, ויבא אליה)의 의미는 '그가 그녀에게 갔고' 이다. 이 구절은 룻기 전체에 있어서 매우 중요한 구절로 후손을 얻게 되는 계기가 된다.

13절은 왜 말론과 룻 사이에 자녀가 없었는지에 그 해답을 준다.

여호와께서 그로 잉태케 하시므로(이텐 아도나이 라 헤라이온, יִתֵּן יְהוָה לָהּ הֵרָיוֹן)
라는 구절은 고대 이스라엘에서 자녀의 출생은 여호와의 선물임을
강조한 것이다. 따라서 모압 여인으로 그모스 신을 섬겼던 룻에게 여
호와께서 자녀를 생산하게 하실 리가 없었다. 그러나 룻이 여호와를
섬기게 됨으로 하나님께서 자녀를 허락하신 것이다.

> 14 וַתֹּאמַרְנָה הַנָּשִׁים אֶל־נָעֳמִי בָּרוּךְ יְהוָה אֲשֶׁר לֹא הִשְׁבִּית
> לָךְ גֹּאֵל הַיּוֹם וְיִקָּרֵא שְׁמוֹ בְּיִשְׂרָאֵל׃

14 바토마르나 하나심 엘–노오미 바루크 아도나이 아쉐르 로 히스비트 라크 고엘
하욤 베이카레 슈모 베이스라엘

14 여인들이 나오미에게 이르되 찬송할지로다 여호와께서 오늘날 네게
기업 무를 자가 없게 아니하셨도다 이 아이의 이름이 이스라엘 중에
유명하게 되기를 원하노라

4:14은 룻은 임신함으로 나오미가 축하를 받는 광경을 기록하고
있다. 왜냐하면 보아스와 룻 사이에서 태어난 아들은 말론의 가문을
잇는 자로서 말론의 어머니 나오미를 봉양해야 하기 때문이다.

> 15 וְהָיָה לָךְ לְמֵשִׁיב נֶפֶשׁ וּלְכַלְכֵּל אֶת־שֵׂיבָתֵךְ כִּי כַלָּתֵךְ
> אֲשֶׁר־אֲהֵבַתֶךְ יְלָדַתּוּ אֲשֶׁר־הִיא טוֹבָה לָךְ מִשִּׁבְעָה בָּנִים׃

15 베하야 라크 레메쉬브 네페쉬 우레칼켈 에트-쉐이바테크 키 칼라테크 아쉐르-
    아헤바테크 옐라다투 아쉐르-히 토바 라크 미쉬브아 바님
15 이는 네 생명의 회복자며 네 노년의 봉양자라 곧 너를 사랑하며 일
    곱 아들보다 귀한 자부가 낳은 자로다

4:15은 보아스와 룻 사이에서 태어날 아들, 곧 나오미의 후견인인
아들이 갖는 의미를 설명하고 있다.

일반적으로 구약성경에서 **생명의 회복자**(메쉬브 네페쉬, משיב נפש)는 하
나님으로부터 오거나(시 19:8, 23:3) 혹은 사람들로부터(애 1:16; 잠 25:13) 또
는 음식(애 1:11, 19)으로부터 온다고 이해하였다.

16 ותקח נעמי את־הילד ותשתהו בחיקה ותהי־לו לאמנת:
16 바티카흐 노오미 에트-하옐레드 바트쉬테후 베헤이카 바테하-로 레오메네트
16 나오미가 아기를 취하여 품에 품고 그의 양육자가 되니

4:16은 나오미가 룻이 낳은 아들을 품에 앉고, 그의 양육자가 되었
다고 기록하고 있다.

양육자(오메네트, אמנת)는 문자적으로 '보호자' 란 의미를 갖는다.

17 ותקראנה לו השכנות שם לאמר ילד־בן לנעמי ותקראנה

191

שְׁמוֹ עוֹבֵד הוּא אֲבִי־יִשַׁי אֲבִי דָוִד: פ

17 바티크레나 로 하슈케노트 쉠 레모르 율라드–벤 레노오미 바티크레나 슈모 오
베드 후 아바–이샤이 아비 다비드

17 그 이웃 여인들이 그에게 이름을 주되 나오미가 아들을 낳았다 하여
그 이름을 오벳이라 하였는데 그는 다윗의 아비인 이새의 아비였더라

4:17에서 룻의 아들은 오벳(Obed; עוֹבֵד)으로 불리고 있다. 그는 다윗의 할아버지가 될 것이다. **오벳**의 뜻은 '일하는 자' 이다. 오벳의 출생으로 엘리멜렉 → 말론 → 오벳 → 이새 → 다윗의 계보가 형성되었다.

17절의 가장 특이한 점은 왜 이웃 여인들이 오벳의 이름을 지어주었는가 하는 것이다. 즉 왜 나오미나 그 아이의 생부인 보아스가 이름을 지어주지 않고 이웃 여인들이 이름을 지어주었는가 하는 점이다. 구약성경에서 극히 이례적으로 다른 사람들이 이름을 지어주는 경우가 있다. 사무엘상 4:19-21을 보면 엘리 제사장의 며느리이며, 비느하스의 부인이 시아버지와 남편이 죽은 소식을 듣고 아이를 낳으면서 죽었다는 내용이 기록되어 있다. 이 때 태어난 아이의 이름 이가봇은 그의 부모가 아닌 다른 사람들이 지어준 이름이다. 또한 사무엘하 12:25을 보면 다윗의 아내 밧세바가 아들을 낳자 여호와께서 선지자 나단을 통하여 여디디야라는 이름을 지어주었다고 한다. 비

록 부모가 붙여준 이름 솔로몬이라는 이름이 있기는 하지만 여디디야라는 이름은 여호와께서 지어준 이름이다. 신약성경 누가복음 1:59에 의하면 엘리사벳이 아들을 낳자 이웃과 친척들이 그의 이름을 사가랴로 부르려고 하자 엘리사벳과 그의 남편 사가랴가 이에 반대하고 요한이라고 불렀다고 기록하고 있다.[131]

오벳(오베드, עוֹבֵד)이라는 이름의 의미는 '종' 이란 뜻인데 이 이름은 아마도 15절의 '네 노년의 봉양자라' 는 기록을 통하여 그가 나오미를 섬기는 자란 뜻에서 주어진 이름일 것이다.[132]

그는 다윗의 아비인 이새의 아비였더라는 족보에 관계된 표현은 문학적으로 사사들이 치리하던 때에(룻 1:1) 일어났던 룻-나오미-보아스의 이야기를 이 이야기의 청중 혹은 독자들의 시대에 가깝도록 끌어오는 역할을 한다.

핵심 메시지
- 룻의 행복을 배려함으로 자신의 봉양자를 얻은 나오미.
- 비어서(emptiness) 돌아온 나오미가 다시 채워짐(fulfillment).

131) R.L Hubbard, Jr., *The Book of Ruth*, p. 276.
132) R.L Hubbard, Jr., *The Book of Ruth*, p. 277.

룻기 4:18-22

4:18-22은 베레스(Perez)로부터 다윗(David)까지의 10대간의 계보에 대하여 기록하고 있다. 4:18-22를 분석하면 4:18a는 구약성경에 기록된 족보를 기록하는 도입부에 해당하며, 18b-22절이 족보의 내용이다. 족보를 분석하면 베레스부터 나손(Nahshon)까지 다섯 대이며, 살마(Salmah)부터 다윗까지 또 다섯 대로 구성되어 있다. 베레스부터 나손까지는 모세 이전시대이며, 살마부터 다윗까지는 모세 이후시대이다. [133)

그런데 역대상 2장의 족보와 비교하면 룻기 4:18-22에는 몇 몇 조상들의 이름이 생략되어 나타난다. 그 이유는 전형적인 왕실 족보를 기술하는 10대의 틀을 맞추기 위한 것으로 보인다. [134)

고대 이스라엘의 10대를 기록하는 족보에서 일곱 번째가 중심이며, 열 번째 사람에게도 특별한 존경을 나타낸다. 이런 관점에서 룻기 4:18-22의 족보에서 일곱 번째는 보아스이며, 열 번째는 다윗이다. 이러한 사실은 룻기 4:18-22의 목적이 무엇인가를 확연히 보여준다. 즉 보아스의 가문이 다윗의 가문을 형성할 만큼 번성하였음을 보여주는 것이며, 이것은 룻기 4:11-12의 소망이 어떻게 이루어졌는가를 보여준다.

133) R. L Hubbard, Jr., *The Book of Ruth*, p. 280.

134) A. Malamat, "King Lists of the Old Babylonian Period and Biblical Genealogies," *JAOS* 88 (1968), pp. 163-173, esp. p. 171; R. L Hubbard, Jr., *The Book of Ruth*, pp. 280-281.

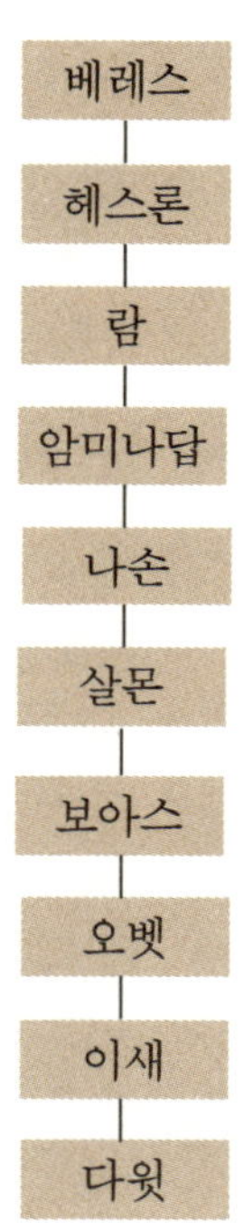

성경 족보의 가장 큰 목적은 자손들을 한 조상과 연결시키려는 것이다. 이렇게 함으로써 자신들이 어떤 정통성을 부여받았는지 알 뿐 아니라, 더 나가서는 온 인류가 한 하나님으로부터, 한 조상으로부터 유래했음을 강조하기 위한 신학적인 목적이 있는 것이다. 이러한 관점에서 룻기 4:18-22의 족보는 엘리멜렉의 후손이 다윗 왕 가문의 조상이었음을 밝혀주는 중요한 구실을 한다.

지금까지 구약성경 특히 창세기와 역대기에 기록된 족보에 대해

학자들의 연구가 활발하게 진행되었다. 1869년 에발트(H. Ewald)가 창
세기의 족보를 후대의 설화적 확장의 틀을 만들어주는 하나의 독립
적인 자료로 이해한 이래 수많은 족보에 관한 연구가 제시되었
다.135) 이러한 연구 결과 성경 족보에 대한 세 가지 견해가 생겨났다.

첫째, 많은 학자들은 성경 족보가 본래 부족의 족보였다는 관점을
받아들였다. 비록 비평가들이 족보에 대해 비역사성을 부여하고 있
기는 하지만, 그들은 보통 족보의 초기의 형태는 역사와 어느 정도
관련성을 지닌다는 데에 동의하였다.

둘째, 노트와 그의 추종자들에 의하여 주장된 것으로 족보가 주로
인위적인 창조물이며 본래 후대의 것이고, 이것은 더 초기의 이야기
단편들을 이어주기 위해서 사용되었다는 주장이다. 그들에 의하면,
족보는 어떤 역사서적인 가치가 거의 없다는 것이다. 따라서 노트는
오경에 나타나는 족보들을 '1차 족보'와 '2차 족보'로 구분하였다.
1차 족보는 현재 함께 등장하는 내러티브와는 따로 존재했었던 것
이다. 1차 족보에서 나타나는 이름들은 서로 밀접하게 관련되어 있
으며, 개개인의 이름은 그것 자체의 이야기 전승을 가질 필요가 없

135) H. Ewald, *The History of Israel* (London: Longmans, Green & Co., 1869), 1:81, 263, R.R. Wilson, *Genealogy and History in the Biblical World*, (New Heaven: Yale University, 1977), p. 1에서 재
인용.

다는 것이다. 어떠한 전승과도 관련되지 않는 이름들은 단순히 족보 안에서 다른 이름들과의 관련성 때문에 등장한다고 한다. 반면, 2차 족보는 내러티브와 떨어져서 하나의 족보로서 독립적으로 존재하던 것이 아니었다고 한다. 그보다, 이것은 본래 그들 자신의 이야기 전 승들과 관련되는 이름들로 구성된다는 것이다. 이 독립 전승들은 부 차적으로 그들의 주요한 인물들과 관련하여 결합되었다고 본다. 그 러므로 노트에게 있어 2차 족보는 인위적인 것이지만, 그럼에도 불 구하고 역사적으로 정확한 이름들을 가지고 있다고 주장한다.

셋째, 벨하우젠(J. Wellhausen)과 같은 초기 학자들의 비관주의에 대 한 반응에서 발전한 이론이다. 미국의 올브라이트(W.F. Albright)는 인 류학 고고학적 증거를 근거로 성경 속 족보의 역사성을 주장하였다. 올브라이트는 구전 족보의 구성은 부족 사회에서 중요하였으며, 부 족 구성원들은 족보 자료에 놀라운 기억들을 가지고 있었다고 지적 하였다. 더 나아가 부족 족보의 정확성은 그 문서가 그 부족에게 알 려졌을 때에 더 커졌다고 주장한다. 그러므로 성경의 족보들은 많은 양의 정확한 정보를 여전히 담고 있다는 것이다. **136)**

136) R.L. Braun, "1 Chronicles 1-9 and the Reconstruction of the History of Israel: Thoughts on the Use of Genealogical Data in Chronicles in the Reconstruction of the History of Israel," *The Chronicler as Historian*, pp. 92-105.

18 וְאֵלֶּה תּוֹלְדוֹת פֶּרֶץ פֶּרֶץ הוֹלִיד אֶת־חֶצְרוֹן:

18 베엘레 톨레도트 파레쯔 페레쯔 홀리드 에트-헤쯔론

18 베레스의 세계는 이러하니라 베레스는 헤스론을 낳았고

4:12에서 룻을 다말과 같이 비교하기 때문에 18절 이하에서는 다말의 후손인 베레스의 족보를 다윗까지 하여 10대를 기록하고 있다.

베레스의 족보 가운데 일부는 역대상 2:9-17의 다윗의 족보 가운데서도 등장한다. 그러나 역대상 2:9의 족보는 헤스론으로부터 시작하기 때문에 룻기 4:18의 베레스로부터 시작하는 족보와 차이가 있다.

베레스의 세계는 이러하니라(베엘레 톨레도트 파레쯔, וְאֵלֶּה תּוֹלְדוֹת פֶּרֶץ)의 의미는 '이것은 베레스의 족보(계보)이다' 의 뜻이다(참고, 창 6:9). 왜냐하면 **세계**(톨레도트, תּוֹלְדוֹת)로 번역된 히브리어 톨레도트의 원래 의미가 '역사'(history) 혹은 '족보,' '계보'(line of descendant)이기 때문이다.

헤스론(חֶצְרוֹן)은 창세기 46:12에 의하면 가나안에서 출생하였으며, 야곱과 함께 이집트로 이주하였다. 헤스론의 종족에 관하여는 민수기 26:21에 기록되어 있다. 하지만 그 이름의 의미는 불확실하다. 그리고 헤스론과 유다 남쪽에 위치한 도시 헤스론(Hezron, 수 15:3)이나 그리욧 헤스론(Kerioth- hezron, 수 15:25)과의 관계도 불확실하다.

19 וְחֶצְרוֹן הוֹלִיד אֶת־רָם וְרָם הוֹלִיד אֶת־עַמִּינָדָב:

19 베헤쯔론 홀리드 에트–람 베람 홀리드 에트–아미나답

19 헤스론은 람을 낳았고 람은 암미나답을 낳았고

4:19에는 헤스론이 람을 낳고 람은 암미나답을 낳았다고 기록하고 있다. 그러나 역대상 2:9-10에서는 헤스론이 낳은 아들은 람 외에도 여라므엘과 글루배가 더 있었다고 기록하고 있다. 따라서 람은 헤스론의 둘째 아들로 추정된다.

암미나답은 출애굽기 6:23에서는 아론의 장인으로 그리고 민수기 1:7, 2:3, 7:12 등에서는 유다지파의 우두머리인 나손의 아버지로 등장한다.

20 וְעַמִּינָדָב הוֹלִיד אֶת־נַחְשׁוֹן וְנַחְשׁוֹן הוֹלִיד אֶת־שַׂלְמָה:

20 베아미나답 홀리드 에드–나흐손 베나흐손 홀리드 에트–살마

20 암미나답은 나손을 낳았고 나손은 살몬(살마)을 낳았고

4:20의 암미나답이 나손을 낳고, 나손은 살몬(살마)을 낳았다고 기록하고 있다.

나손(נחשׁון)은 '뱀' 을 뜻하는 히브리어 나하쉬(נחשׁ)에 히브리어 어미 온(ון)이 붙은 형태이다. 나손이 족보의 다섯 번째 등장한다는 것은

이 족보에서 중요하게 여기는 인물로 평가된다. 왜냐하면 고대의 족보에서 일곱 번째가 가장 중요하고 그 다음이 다섯 번째이기 때문이다. 137) 나손은 출애굽기 6:23에서 아론의 처남으로 기록되며, 민수기 1:7, 2:3, 7:12 등에서는 유다지파의 우두머리로 기록되어 있다.

우리말 성경에 살몬으로 번역된 이름의 히브리어 형태는 살마 (שלמה)이다. 또한 역대상 2:11에는 나손의 아들의 이름이 살마(שלמא)로 기록되어 있다. 하지만 룻기 4:21에서는 살몬으로 기록하고 있다. 이러한 현상에 대하여 후바드(R.L. Hubbard Jr.)는 원래 이름이 살마였는데 사본을 기록하던 자가 다른 이름들이 히브리어 온(וֹן)으로 끝나기 때문에 실수로 살몬으로 기록했다고 설명한다. 138) 살마의 의미는 '옷' 혹은 '의류' 이다.

21 וְשַׂלְמוֹן הוֹלִיד אֶת־בֹּעַז וּבֹעַז הוֹלִיד אֶת־עוֹבֵד:

21 베살몬 홀리드 에트–보아즈 우보아즈 홀리드 에트–오베드

21 살몬은 보아스를 낳았고 보아스는 오벳을 낳았고

4:21의 오벳은 17절에 의하면 보아스와 룻 사이에서 낳은 자녀로서 말론의 대를 잇는 것으로 기록되어 있다. 그러나 본문에서 오벳은

---

137) J.M. Sasson, "Generation, Seventh," *IDBS*, pp. 354-356, esp. pp. 354-355.
138) R.L. Hubbard Jr., *The Book of Ruth*, p. 283.

보아스의 후손으로 기록되어 있다. 따라서 보아스와 오벳에 관한 두 가지 전승이 있음을 알 수 있다.

22 וְעֹבֵד הוֹלִיד אֶת־יִשַׁי וְיִשַׁי הוֹלִיד אֶת־דָּוִד:

22 베오베드 홀리드 에트–이샤이 베이샤이 홀리드 에트–다비드

22 오벳은 이새를 낳았고 이새는 다윗을 낳았더라

4:22절에 등장한 **이새**(이샤이, יִשַׁי)의 어원 및 그 의미에 대해서는 정확히 알려진 바가 없다. 이새의 어원에 대하여 그 기원을 '…있다' 란 뜻을 지닌 예쉬(יֵשׁ)로 생각하는 학자도 있다. 또 어떤 학자는 그 어원을 '…와 같다' 는 의미를 가진 √שׁוה로 생각하기도 한다. [139)]

핵심 메시지
● 룻과 보아스의 후손이 다윗 왕조를 형성함.

---

139) J. M. Sasson, *Ruth*, p. 190.

룻기 4장의 신학적 주제

룻기 4장은 텅빈 빈 손으로 귀환한 나오미와 룻에게 비었던 것이
채워지는 과정과 그 내용을 자세히 기술하고 있다. 따라서 룻기 4장
은 텅빔(emptiness)에서 채움(fulfillment)으로의 변화를 소개하는 것으로
전체 룻기의 절정에 해당한다. 특히 이 이야기에 룻기 4:18-22의 베
레스로부터 다윗까지의 족보를 삽입함으로써 과거의 사건과 독자들
사이의 시간적 차이를 해소시켜 준다.

뿐만 아니라 사회적, 경제적, 법적으로 약자였고 이방인이었던 룻
과 나오미 두 여인이 어떻게 고대 이스라엘 사회에서 사회적 경제적,
법적 지위를 얻거나 회복하는지를 보여준다. 무엇보다 세계화 시대
의 다문화 공동체의 삶을 살아가는 우리에게 룻기는 더불어 살아가
는 삶의 지혜를 제시해 준다. 특히 룻과 보아스의 결혼으로 인하여(다
문화 가정) 이스라엘 집을 세우고(11절), 그 지역에서 유력한 사람이 되
기를 기원하는 베들레헴 사람들의 축복을 통하여 사회적 약자나 다
문화 가족들이 더불어 살 수 있기 위해서는 당대 기득권자들의 축복
과 배려가 필요함을 보여준다.

결론

결론

룻기는 그 성격이 매우 특이한 책이며, 구약성경의 다른 책들과 달리 평민의 삶을 통하여 가장 이상적인 삶의 모습이 무엇인가를 보여준다. 사회적 보호대상인 미망인의 텅빈(emptiness) 인생의 상태가 어떻게 채움(fulfillment)으로 바뀌어 가는지를 보여주고 있다. 뿐만 아니라 또 다른 사회적 약자인 외국인과 다문화 가정이 어떻게 정착 할 수 있는가 하는 그 가능성을 제시해 주는 책이라 할 수 있다.[140]

사회적 약자들의 채움의 삶

룻기의 주요 주인공인 나오미와 룻은 남편과 자녀가 없는 미망인이라는 공통점을 가지고 있다. 두 주인공의 특징은 텅빔(emptiness)이다.

140) 김영진, "룻기와 다문화 사회" 「성서마당」 90 (2009), pp. 9-16.

즉 모압과 이스라엘에서 이들은 사회적 보호가 없고, 남편과 자녀가 없는 자들이었다. 이들의 삶이 어떻게 채움(fulfillment)의 삶으로 변화되는가를 통하여 계층을 뛰어넘는 이상적인 사회의 표상을 발견할 수 있다.

사회적 약자에 대한 규정

구약성경에서는 사회적 약자 특히 미망인 혹은 과부에 대한 규정이 여러 군데 등장한다. 이러한 규정의 내용의 핵심은 사회적 약자들의 생계와 권리를 보장해 주라는 것이다. 출애굽기 22:22은 근본적으로 과부를 보호하라고 규정한다: "너는 과부나 고아를 해롭게 하지 말라."

과부의 생계를 위하여 먹는 문제를 해결해 줄 것을 규정한다(신 14:29). 이를 위하여 구체적으로 십일조를 걷거나(신 26:12), 추수할 때 밭에 이삭이나 과실을 남겨두어 과부들이 먹도록 규정하고 있다(신 24:19-21). 더 나아가 이들이 절기를 지킬 때도 함께 즐거워할 권리를 누릴 수 있도록 배려하라고 규정하고 있다(신 16:14).

또한 구약성경에는 과부들의 법적인 권리를 보장할 것을 규정하고 있다. 특히 재판 과정에서 불공평한 일이 생기지 않도록 하라고 규정한다(신 27:19).

따라서 구약성경은 사회적 약자들을 사랑하고 이들을 보호하며, 더불어 살아갈 것을 가르친다.

룻기의 사회적 약자

룻기의 사회적 약자인 나오미와 룻은 율법의 규정대로 철저하게 보호받는다. 특히 보아스는 룻에게 다른 밭으로 가지 말고 자신의 밭에서 줍도록 허락한다. 더 나아가 그는 룻에게 곡식단 사이에서 이삭을 주울 수 있도록 허락할 뿐만 아니라 오히려 곡식단을 조금씩 흘려 룻이 주울 수 있도록 배려한다(룻 2:15).

보아스는 룻뿐만 아니라 나오미를 위해서도 배려한다. 보아스는 3:17에서 룻을 돌려보내면서 시어머니에게 빈손으로 가지 말라면서 보리를 여섯 번 되어 룻에게 지워주었다(룻 3:14-17).

룻기에서 보아스는 매우 관대하며, 귀품이 있는 자세로 룻과 나오미를 대한다. 그런데 보아스가 룻에게 관대한 것은 룻이 시어머니 나오미에게 관대하기 때문이다. 룻기 2:10-11에서 "나는 이방 여인이거늘 당신이 어찌하여 내게 은혜를 베푸시며 나를 돌보시나이까"라는 룻의 질문에 대하여 보아스는 "네 남편이 죽은 후로 네가 시어머니에게 행한 모든 것과 네 부모와 고국을 떠나 전에 알지 못하던 백성에게로 온 일이 내게 분명히 알려졌느니라"고 대답함으로써 나오미의 관대함이 보아스가 룻을 관대하게 대하는 근거가 되었다.

이러한 사실은 사회 구성원 사이의 관대함과 배려가 사회를 통합하고, 특히 사회적 약자의 비움을 채울 수 있는 방법임을 보여준다.

외국인 다문화 가정을 위한 삶

룻기는 다문화 사회에 가장 적합한 책이다. 자신의 출생지인 모압을 떠나 베들레헴으로 이주해 온 룻에 대한 나오미와 보아스 그리고 베들레헴 사람들의 관대함과 환대는 새로운 거주지로 이주해온 룻과 같은 이주민들에게는 희망의 메시지이다. 따라서 룻기는 다문화권에 사는 사람들의 관계성에 대한 좋은 예이다.

구약성경의 이방인

구약성경에서 세계화(globalization)나 다문화(multiculture)라는 용어를 찾아 볼 수 없다. 오히려 이방인이란 부정적인 용어로 사용된다. 구약성경을 통해서 이방인들에 대한 두 가지 관점을 살펴볼 수 있다. 즉 배타적인 관점(particularism)에서 이들을 본토민과 구별하고 차별하는 입장과 이방인들도 하나님의 도구가 될 수 있으며, 하나님의 역사가 이스라엘에만 제한되지 않는다는 보편주의적인 입장(universalism)에서 이방인들에 대하여 긍정적이며, 이들과 하나 됨을 중요하게 여기는 입장이 공존한다. 이러한 보편주의적인 입장은 국제화 시대를 맞이하면서 다른 나라와의 교류 속에서 자라났다. 특히 이스라엘이 멸망 후 더욱 가속화 되었다.

구약성경에서 외국인을 뜻하는 이방인이란 부정적인 용어로 사용되었으며, 이스라엘 백성과 대비되는 용어로서 인종적, 종교적, 사회적 차별성을 지닌 용어이다. 구약성경에서 이방인에 대한 용어는 그들의 신분적 차이에 의하여 크게 두 부류 즉 게르(גר)와 노크리(נכרי)로 나눈다.

히브리어 게르(גר)는 유다에 거주한지 3세대가 지나 유다의 총회에 소속된 사람으로, 유다의 땅을 소유해도 아무런 종교적, 전통적인 문제가 제기되지 않는 사람이다. 왜냐하면 게르는 유다 사회에서 이스라엘 백성들과 함께 거주하면서 그들과 같은 사회적 지위를 갖기 때문이다. 그들은 유다 백성들과 마찬가지로 종교 제의에 참여하여 그 의무를 행하여야 하며(레 17:8, 10, 13, 22:18, 수 8:33, 신 29:10), 특히 유월절 행사에 참여 할 수 있다(민 9:14, 15:14). 뿐만 아니라 사무엘하 1:13에서 보는 것처럼, 그들은 유다 시민으로 유다 왕국의 군대에서 봉사하기도 한다.

이와는 달리 또 다른 이방인을 지칭하는 용어인 노크리(נכרי)는 다른 나라에서 태어난 사람들로서 이스라엘에 거주하면서 자신이 태어난 나라와 지속적인 관계를 갖고 있는 사람을 지칭하는 것으로 이스라엘 백성과 전혀 관계없는 사람들이다. [141] 따라서 신명기 14:21에

---

141) M. Guttman, "The Term 'Foreigner' (נכרי): Historically Considered," *HUCA* 3 (1926): 1-20; M. Weinfeld, "נכרי," *Encyclopedia Miqrait V*, cols. pp. 866-867 (Hebrew).

서 노크리는 이스라엘 사람과 다른 지위를 가지고 있는 사람으로 언급되어 있다.

그러나 이스라엘이 강대국의 침략으로 인하여 나라를 잃고 또한 바벨론의 강제이주의 경험을 하면서 우주에 대한 생각, 하나님에 대한 생각, 인간에 대한 이해 그리고 이 세상에 대한 새로운 이해를 갖게 되어 이스라엘 백성뿐만 아니라 모든 사람들이 하나님을 예배하고 하나님의 도구가 될 수 있다는 주장이 생겨나게 되었다. 따라서 열방에 대한 새로운 이해가 등장하였다.

다문화 시대의 지침서 룻기

고대 이스라엘은 아시리아, 바벨론, 그리고 페르시아의 권력에 의하여 다문화 가정이 자연스럽게 형성되었다. 그리고 이에 대한 입장이 표명된 책이 있다. 구약성경에서 다문화 시대가 어떻게 조화롭게 유지 발전되어야 하는가를 보여주는 좋은 이야기는 룻기이다. 전통적으로 룻기를 가족 구성원간의 효에 대한 책으로 이해하였으나, 이에서 한 걸음 더 나아가 이방인과 다문화 가족에 대한 이상적인 모델을 제시해 주는 책으로 이해할 수 있다.

룻기의 다문화 가족은 두 가지 관점에서 생각하게 한다. 즉 룻은 자신의 출생지인 모압을 떠나 죽은 남편의 고향인 베들레헴으로 시모 나오미와 함께 이주하였다. 따라서 자신의 출생지를 떠나 다른 나라에서 다른 나라 사람들과 사는 자들은 모두 외국인에 속한다. 그런데 룻이 베들레헴 사람 보아스와 결혼함으로써 다문화 가정이 형성된다. 룻기는 이방인 룻이 어떻게 베들레헴 사회에 정착하여, 다문화 가정을 형성하여 성공적인 삶을 살아갈 수 있었는가를 보여준다. 또한 베들레헴 사람들의 행동을 통하여 오늘날 다문화 가정을 어떻게 대해야 하는지 이것에 관해 중요한 교훈을 얻을 수 있다.

룻기는 룻이 성공적인 정착과 다문화 가정을 어떻게 이룰 수 있었는지 몇 가지 근거를 제시한다.

첫째, 이주자에게 은혜를 베푼다.

룻기에 의하면 나오미와 베들레헴 사람들은 고향을 떠나 이국 땅 베들레헴으로 온 이방여인 룻에 대하여 은혜를 베푼다. 특히 나오미의 친족이었던 보아스는 룻에게 은혜를 베푼다(8절). 은혜를 뜻하는 히브리어 헨(חֵן)의 의미는 "은혜"(grace), "자비"(charm), 혹은 "호의"(favour)이다. **142)** 따라서 새로운 이주자들에 대하여 은혜를 베푼다는 것은 자비롭게 대하며, 은혜를 베풀고 호의를 갖는 것을 의미한다.

무엇보다도 보아스는 룻의 생계를 보장하는 은혜를 베푼다. 즉 보아스는 룻으로 하여금 다른 밭으로 가지 말고 자신의 밭에서 이삭을

---

142) *HALOT*, p. 332.

줍도록 허락한다. 더 나아가 룻에게 곡식단 사이에서 이삭을 주울 수 있도록 허락할 뿐만 아니라 오히려 곡식단을 조금씩 흘려 룻이 주울 수 있도록 배려한다(룻 2:15).

뿐만 아니라 보아스는 룻에게 밭에서 일할 때 가장 필요한 물의 공급을 원활하게 도와주어 그의 삶을 도와준다(룻 2:9).

다문화 시대를 살아가는 우리는 새로운 이주자들에 대하여 생계를 보장하는 은혜를 베풀어야 한다. 인종과 종교의 차이를 넘어서서 새로운 이주자들에게 사랑과 은혜를 베풀어야 새로운 이주자들이 정착할 수 있다.

둘째, 이주자의 권리를 인정해 준다.

룻기서에서 더욱 큰 관심을 가져야 하는 것은 보아스가 이방 여인인 룻의 권리를 보장해 준다는 점이다. 보아스가 룻을 기업무를 자의 대상으로 삼고 그 책무를 다하는 것은 룻이 받아야 할 보호와 권리를 철저하게 지켜주는 것이다. 더욱이 보아스는 룻에 대한 기업을 무를 경우 자신에게 경제적인 손실이 야기됨에도 룻에 대한 자신의 책무를 성실히 수행한다. 이러한 사실은 룻기 4:6에서 보아스보다 먼저 엘리멜렉과 기룐, 말론의 기업을 무를 권한이 있는 자가 기업을 무름으로써 생길 손해 때문에 자신의 권한을 포기하고, 보아스에게 취하라고 말하는 것에서 알 수 있다. 보아스는 자신의 손해를 감수하고서라도 룻에 대한 자신의 책무를 성실히 수행함으로써 룻이 가질 수 있는 권리를 보장해 준다.

보아스는 이방 여인인 룻의 신변의 안전을 보장함으로써 그녀의 인권을 보호해 준다. 보아스는 자신의 일꾼들이 이방 여인인 룻을 함부로 다루지 못하도록 한다. 룻기 2:9절에 의하면 보아스는 자신의 일꾼들에게 룻을 건드리지 못하도록 명령을 내렸다. 사실 이방인이며, 또한 미망인인 룻은 베들레헴의 젊은 청년들이 율법을 어기지 않고 마음대로 다룰 수 있는 여자였다. 레위기 20:10에 "누구든지 남의 아내와 간음하는 자 곧 그의 이웃의 아내와 간음하는 자는 그 간부와 음부를 반드시 죽일지니라"는 규정과 신명기 22:22의 "어떤 남자가 유부녀와 동침한 것이 드러나거든 그 동침한 남자와 그 여자를 둘 다 죽여 이스라엘 중에 악을 제할지니라"는 율법을 어기지 않고 성적인 교류를 나눌 수 있는 여인이었다.[143] 그러나 룻에 대한 보아스의 조치는 베들레헴 청년들의 유혹과 위협으로부터 룻을 보호해주는 것이었다. 이러한 룻에 대한 안전을 보장하기 위하여 보아스는 룻을 자신의 소녀들과 함께 있게 함으로써 룻을 보호해 주었다.

따라서 다문화 사회를 살아가는 우리는 법의 보호를 받지 못하는 외국인들, 특히 외국인 여성들의 인권을 지켜주어야 하며, 특히 성적인 유린으로부터 적극적으로 지켜주어야 한다. 그럴 때 이방인이 평

143) A. LaCocque, *Ruth*, p. 68.

화롭게 정착할 수 있을 것이다.

셋째, 이주자에게 축복해 준다.

구약성경에는 다른 이들에게 복을 빌어주는 경우를 쉽게 발견할 수 있다. 예를 들어, 창세기 27:27-29에 의하면 이삭이 야곱을 축복하여 이르기를 "그가 가까이 가서 그에게 입맞추니 아버지가 그의 옷의 향취를 맡고 그에게 축복하여 이르되 내 아들의 향취는 여호와께서 복 주신 밭의 향취로다. 하나님은 하늘의 이슬과 땅의 기름짐이며 풍성한 곡식과 포도주를 네게 주시기를 원하노라. 만민이 너를 섬기고 열국이 네게 굴복하리니 네가 형제들의 주가 되고 네 어머니의 아들들이 네게 굴복하며 너를 저주하는 자는 저주를 받고 너를 축복하는 자는 복을 받기를 원하노라"고 축복한다. 룻기 2:20에서 나오미는 보아스를 향해 "그가 여호와로부터 복 받기를 원하노라"라고 축복한다. 또한 3:10에서 나오미는 룻에게 "여호와께서 네게 복 주시기를 원하노라"라고 축복한다. 시편 129:8에서는 "여호와의 복이 너희에게 있을지어다"라고 축복한다. 그런데 이 축복은 모두 동족에 대한 것이지 이방인에 대한 축복이 아니다.

그러나 이스라엘 사람이 이방인을 축복하는 경우는 룻기에서만 발견된다. 특히 보아스는 룻에 대한 축복을 아끼지 않았다. 룻기 2:12에 의하면 보아스는 모압 여인 룻에게 "이스라엘의 하나님 여호와께서 그의 날개 아래에 보호를 받으러 온 네게 온전한 상 주시기를 원하노라 하는지라"라고 축복해 준다.

넷째, 다문화 가정에 대해 축복한다.

마지막으로 보아스와 룻의 결혼에 대하여 베들레헴 사람들이 그들을 축복해 준다. 민족적, 종교적 차이를 극복하고 결혼한 두 사람을 축복하며, 특히 룻을 통하여 자손이 이어지며, 기업이 다시 세워지기를 기원한다(룻 4:11-12). 베들레헴 사람들은 보아스와 룻의 결혼을 통하여 유명해지기를 즉, 명예와 부 그리고 자손을 얻으라고 축복한다. 144)

다문화 가정에 대하여 민족적, 문화적, 그리고 종교적 선입견을 버리고 새롭게 시작하는 가정을 축복하며, 비록 외국인을 통해서도 가정이 세워지며, 대가 이어질 수 있음을 인정하고 축복하는 자세를 견지해야 한다.

룻기처럼 사회적 약자, 외국인, 다문화 가정과 그 후손들에 대하여 관대하며, 축복하는 삶을 살아 갈 때 조화로운 삶을 이루어 갈 수 있다는 것을 깨닫게 한다.

---

144) C. Pressler, *Joshua, Judges, and Ruth*, WBC, (Louisville · London: Westminster John Knox Press, 2002), p. 301.

여성을 존중하는 사회

룻기는 에스더서를 제외한 다른 구약성경과 달리 여성이 주인공인 책이다. 특히 나오미와 룻을 중심으로 이야기가 전개되며, 이 여성들의 삶을 돕는 수혜자로서 보아스가 등장한다.

어미의 집

룻기는 다른 어떤 책보다도 여성에 대한 세심한 배려와 역할을 강조하는 책이다. 특히 여러 가지 표현 가운데 여성 중심적인 내용들이 많이 내포되어 있다.

구약성경에서 일반적으로 여자의 친정집을 뜻할 때 아비의 집이란 용어를 사용한다. 따라서 이혼하고 여인이 돌아가는 집을 아비의 집이라고 묘사한다(창 38:11, 레 22:12, 민 30:17, 신 22:21, 삿 19:2-3). 그런데 룻기와 아가서(3:4, 8:2) 그리고 창세기 24:28에서는 어미의 집이란 용어가 사용되었다. 아가서의 어미의 집은 여인의 어머니(친정어머니)의 침실을 의미하며, 이곳은 안전한 곳을 의미한다. 뿐만 아니라 창세기 24:28의 어미의 집은 리브가가 아브라함의 종과 이삭의 부인을 찾는 것에 관하여 대화하던 장소로 묘사된다. 룻기서에서의 어미의 집이란 오르바와 룻이 안전하게 재혼할 수 있는 곳을 의미한다.

이처럼 구약성경에서 사용된 어미의 집은 대체로 사랑과 결혼에 관계된 곳에서 사용되었다. 나오미는 어미의 집이 오르바와 룻이 재혼을 계획할 수 있는 안전한 곳이란 의미로 사용하였다.[145] 이처럼 '아비의 집' 대신 '어미의 집'이란 용어를 사용한 것에 대하여 룻기의 저자가 여인이기 때문이라고 생각하는 견해도 있다.

가문을 세우는 여인들

룻기는 여성에 대한 새로운 가치관을 제시한다. 특히 이스라엘의 가문을 세운 자로서의 역할을 강조하고 있다.

창세기 29:20-30:24에서는 야곱의 아들들을 통한 이스라엘 가문의 형성에 대하여 기록하고 있다. 이 사실에 대하여 룻기 4:11에서는 라헬과 레아 두 사람이 이스라엘 가문을 세운 자로 기록하고 있다.

뿐만 아니라 룻기 4:12은 창세기 38장의 다말과 유다의 사건에 대해서도 새로운 해석을 제시한다. 창세기 38:24에서는 다말을 행음한 여인으로 정죄하여 불사르려고 한다. 그러나 룻기 4:12에서는 다말을 유다의 가문을 이은 여인으로 평가한다.

이처럼 룻기는 이스라엘 전통 속에서 정당하게 평가받지 못했던 여인들의 일에 대하여 가문을 세우는 위대한 일로 평가한다. 이와 같

---

145) R. L. Hubbard, Jr., *The Book of Ruth*, pp. 102-103.

이 룻도 보아스와 엘리멜렉의 가문을 다시 세우는 훌륭한 일을 한 여인으로 평가하고 있다.

이름을 지어주는 여인들

룻기 4:17에 의하면 베들레헴의 여인들이 룻이 보아스와 사이에서 낳은 아들의 이름을 오벳이라고 짓는다. 이러한 관습은 매우 특이한 경우이다. 일반적으로 아이의 이름은 아버지가 짓는 것이 관례이다. 그러나 본문에서는 주변의 여인들이 이름을 짓는다. 이것은 당시 여인들의 권한이 과거에 비하여 매우 달라졌음을 보여준다. 새로 태어난 아이에 대하여 여러 가지 특수한 환경에서 다른 사람들이 이름을 지어주는 경우가 있지만 그러나 그것이 여인인 경우는 룻기가 처음이다. 이것은 룻기의 주인공이 룻이라는 여인에서 보여주는 것과 같이 과거에 비하여 여인의 권한이 많이 달라졌음을 보여주는 것이다.

이처럼 룻기는 다양한 사회 속에서 다양한 계층의 사람들이 어떻게 더불어 살아갈 수 있는가를 보여준다. 기득권층의 관심과 배려 그리고 보아스처럼 자신의 것에 손해를 감수하는 자세가 필요함을 보여준다. 이러한 관점에서 룻기는 한 개인의 이야기를 통하여 하나님이 원하시는 하나님 나라를 구현하기 위한 구체적인 삶의 모습을 제시해 주는 책이라고 할 수 있다.

더불어 사는 삶

서로 다른 사람들이 더불어 살아가기 위하여 가장 중요한 것은 좋은 관계를 유지하며, 서로 축복하고 은혜를 베푸는 삶을 살아야 한다.

관계 유지

쌍방 간의 좋은 관계를 유지하는 것이 필요하다. 룻기에서 룻과 나오미의 관계와 룻과 보아스의 관계를 나타내는 히브리어 동사 다바크(דבק)가 사용된다. 히브리어 동사 다바크(דבק)는 둘 사이의 호의적인 관계를 나타내는데 사용된다. 룻기 1:14에서 룻은 나오미에게 '붙쫓았다' 라고 기록하고 있다. 다바크(דבק)라는 동사는 사람들 사이의 좋은 관계를 나타내는 의미로 사용된다. 특히 룻과 나오미가 좋은 관계를 유지한다. 뿐만 아니라 룻기 2:8에서는 보아스는 룻을 보호하기 위하여 룻에게 자신의 소녀들(2:21)과 소년들과 좋은 관계를 맺으라고 말한다(2:23). 다바크(דבק)는 특별히 잠언에서 사람과의 좋은 관계를 맺는 것을 뜻한다(18:24).

서로 다른 사람들이 더불어 살아가기 위해서는 무엇보다도 좋은 관계를 유지하는 것이 필요하다.

베푸는 삶

다양한 사람들이 더불어 살기 위해서는 무엇보다 좋은 환경에 있는 사람들이 그렇지 못한 자들에게 자비와 은혜를 베푸는 삶을 살 뿐만 아니라 상호간에 서로를 축복하는 것이 필요하다. 룻기는 다양한 계층의 사람들이 더불어 사는 삶을 살기 위해서는 무엇보다도 다른 계층의 사람들에 대해 은혜를 베풀거나 서로 축복하는 삶을 살아야 함을 보여주고 있다.

룻기에서 시어머니인 나오미는 자신과 좋은 관계를 맺는 룻에 대하여 축복하고, 그녀의 행복을 위하여 애쓴다. 뿐만 아니라 룻은 시모인 나오미를 경제적으로 부양하는 책임을 다한다. 더 나아가 룻기에서 보아스는 경제적, 사회적 약자인 룻에게 은혜(חן)를 베풂으로 룻과 나오미의 경제적 문제를 해결해주고, 사회적 약자였던 이방 여인 룻의 정착을 도와 준다. **146)**

146) 강성열, "구약성서 이주민 신학과 한국사회의 다문화 가정," 「한국기독교신학논총」 62 (2009), pp. 5-33, esp. p. 29. 강성열은 룻에 대한 따뜻한 마음으로 보살핀 보아스의 노력이 룻의 신분변화를 도왔다고 주장한다.

따라서 룻기는 서로 다른 계층의 사람들이 더불어 살기 위해서는 무엇보다도 환경이 나은 자는 그렇지 못한 자에게 은혜와 자비를 베풀 뿐만 아니라 서로가 서로를 축복하는 것이 무엇보다 필요함을 보여주고 있다.

새로운 가치관

새로운 시대에는 새로운 가치관을 가져야만 한다. 룻기를 통해서 새로운 가치관을 발견할 수 있다. 앞에서 언급했듯이 이방인의 개종뿐만 아니라 이방인에 의하여 부양되는 이스라엘 백성의 삶에 대한 이해, 이스라엘 사람과 이방인과의 결혼과 그 결혼에 의해 형성된 다문화 가정에 대한 축복 그리고 이방인을 통하여 세워지는 이스라엘 가문에 대한 이해, 공동체보다는 공동체를 구성하는 각 개개인의 행복에 더 큰 관심을 갖는 사회에 대한 이해, 모압에 대한 새로운 이해 등이 룻기가 다른 구약성경과 차별되는 새로운 가치관들이다.

특히 룻기는 이러한 새로운 이데아를 갖도록 하기 위하여 전통적인 입장을 변화시킨다. 예를 들어, 창세기에서 행음으로 불태워 죽임을 당할 뻔 했던 다말에 대하여 이스라엘 가문을 세운 여인으로 재평가되고 있다. 시대가 바뀜에 따라 이방인을 통한 이스라엘 가문이 세워지는 것을 받아들이도록 하기 위하여 과거의 사건에 대한 재평가를 발견할 수 있다.

　이처럼 룻기는 새로운 시대에 걸맞은 새로운 신학을 발전시켰음을 볼 수 있다. 구약성경의 신학은 어떤 특정한 이데아를 고집하는 것이 아니라 새로운 시대를 위한 새로운 이데아를 허용하는 매우 개방적인 입장을 취하고 있다.

　룻기는 21세기 세계가 직면한 특히 한국사회가 직면한 여러 문제 — 다문화사회의 다문화 가정에 대한 올바른 신학적 이해, 여성에 대한 역할의 재고, 계층 간의 갈등을 해결하는 방법 등 — 에 관한 이상적인 길을 제시하는 책으로 그 가치가 매우 높다고 본다.

The Book of Ruth

부록

룻기와 율법

룻기	율법	비고
1:4	**신명기 23:3-6** 3 암몬 사람과 모압 사람은 여호와의 총회에 들어오지 못하리니 그들에게 속한 자는 십 대뿐 아니라 영원히 여호와의 총회에 들어오지 못하리라 4 그들은 너희가 애굽에서 나올 때에 떡과 물로 너희를 길에서 영접하지 아니하고 메소보다미아의 브돌 사람 브올의 아들 발람에게 뇌물을 주어 너희를 저주하게 하려 하였으나 5 네 하나님 여호와께서 너를 사랑하시므로 네 하나님 여호와께서 발람의 말을 듣지 아니하시고 네 하나님 여호와께서 그 저주를 변하여 복이 되게 하셨나니 6 네 평생에 그들의 평안함과 형통함을 영원히 구하지 말지니라	엘리멜렉의 아들들이 모압 여인과 결혼함
1:11-13 4:7-8	**신명기 25:5-10** 5 형제들이 함께 사는데 그 중 하나가 죽고 아들이 없거든 그 죽은 자의 아내는 나가서 타인에게 시집 가지 말 것이요 그의 남편의 형제가 그에게로 들어가서 그를 맞이하여 아내로 삼아 그의 남편의 형제 된 의무를 그에게 다 행할 것이요 6 그 여인이 낳은 첫 아들이 그 죽은 형제의 이름을 잇게 하여 그 이름이 이스라엘 중에서 끊어지지 않게 할 것이니라 7 그러나 그 사람이 만일 그 형제의 아내 맞이하기를 즐겨하지 아니하면 그 형제의 아내는 그 성문으로 장로들에게로 나아가서 말하기를 내 남편의 형제가 그의 형제의 이름을 이스라엘 중에 잇기를 싫어하여 남편의 형제 된 의무를 내게 행하지 아니하나이다 할 것이요 8 그 성읍 장로들은 그를 불러다가 말할 것이며 그가 이미 정한 뜻대로 말하기를 내가 그 여자를 맞이하기를 즐겨하지 아니하노라 하면 9 그의 형제의 아내가 장로들 앞에서 그에게 나아가서 그의 발에서 신을 벗기고 그의 얼굴에 침을 뱉으며 이르기를 그의 형제의 집을 세우기를 즐겨 아니하는 자에게는 이같이 할 것이라 하고 10 이스라엘 중에서 그의 이름을 신 벗김 받은 자의 집이라 부를 것이니라	수혼법

룻기	율법	비고
2:2	**레위기 19:9-10** 9 너희가 너희의 땅에서 곡식을 거둘 때에 너는 밭 모퉁이까지 다 거두지 말고 네 떨어진 이삭도 줍지 말며 10 네 포도원의 열매를 다 따지 말며 네 포도원에 떨어진 열매도 줍지 말고 가난한 사람과 거류민을 위하여 버려두라 나는 너희의 하나님 여호와이니라 **레위기 23-22** 22 너희 땅의 곡물을 벨 때에 밭 모퉁이까지 다 베지 말며 떨어진 것을 줍지 말고 그것을 가난한 자와 거류민을 위하여 남겨두라 나는 너희의 하나님 여호와이니라 **신명기 24:19-22** 19 네가 밭에서 곡식을 벨 때에 그 한 뭇을 밭에 잊어버렸거든 다시 가서 가져오지 말고 나그네와 고아와 과부를 위하여 남겨두라 그리하면 네 하나님 여호와께서 네 손으로 하는 모든 일에 복을 내리시리라 20 네가 네 감람나무를 떤 후에 그 가지를 다시 살피지 말고 그 남은 것은 객과 고아와 과부를 위하여 남겨두며 21 네가 네 포도원의 포도를 딴 후에 그 남은 것을 다시 따지 말고 객과 고아와 과부를 위하여 남겨두라 22 너는 애굽 땅에서 종 되었던 것을 기억하라 이러므로 내가 네게 이 일을 행하라 명령하노라	
2:11	**레위기 19:3** 3 너희 각 사람은 부모를 경외하고 나의 안식일을 지키라 나는 너희의 하나님 여호와이니라 **레위기 19:32** 32 너는 센 머리 앞에서 일어서고 노인의 얼굴을 공경하며 네 하나님을 경외하라 나는 여호와이니라 **출애굽기 20:12** 12 네 부모를 공경하라 그리하면 네 하나님 여호와가 네게 준 땅에서 네 생명이 길리라	부모 공경

룻기	율법	비고
2:20	레위기 25:24-31 24 너희 기업의 온 땅에서 그 토지 무르기를 허락할지니 25 만일 네 형제가 가난하여 그의 기업 중에서 얼마를 팔았으면 그에게 가까운 기업 무를 자가 와서 그의 형제가 판 것을 무를 것이요 26 만일 그것을 무를 사람이 없고 자기가 부유하게 되어 무를 힘이 있으면 27 그 판 해를 계수하여 그 남은 값을 산 자에게 주고 자기의 소유지로 돌릴 것이니라 28 그러나 자기가 무를 힘이 없으면 그 판 것이 희년에 이르기까지 산 자의 손에 있다가 희년에 이르러 돌아올지니 그것이 곧 그의 기업으로 돌아갈 것이니라 29 성벽 있는 성 내의 가옥을 팔았으면 판 지 만 일 년 안에는 무를 수 있나니 곧 그 기한 안에 무르려니와 30 일 년 안에 무르지 못하면 그 성 안의 가옥은 산 자의 소유로 확정되어 대대로 영구히 그에게 속하고 희년에라도 돌려보내지 아니할 것이니라 31 그러나 성벽이 둘리지 아니한 촌락의 가옥은 나라의 전토와 같이 물러 주기도 할 것이요 희년에 돌려보내기도 할 것이니라	
3:12	레위기 25-23-24-50 23 토지를 영구히 팔지 말 것은 토지는 다 내 것임이니라 너희는 거류민이요 동거하는 자로서 나와 함께 있느니라 24 너희 기업의 온 땅에서 그 토지 무르기를 허락할지니 47 만일 너와 함께 있는 거류민이나 동거인은 부유하게 되고 그와 함께 있는 네 형제는 가난하게 되므로 그가 너와 함께 있는 거류민이나 동거인 또는 거류민의 가족의 후손에게 팔리면 48 그가 팔린 후에 그에게는 속량 받을 권리가 있나니 그의 형제 중 하나가 그를 속량하거나 49 또는 그의 삼촌이나 그의 삼촌의 아들이 그를 속량하거나 그의 가족 중 그의 살붙이 중에서 그를 속량할 것이요 그가 부유하게 되면 스스로 속량하되 50 자기 몸이 팔린 해로부터 희년까지를 그 산 자와 계산하여 그 연수를 따라서 그 몸의 값을 정할 때에 그 사람을 섬긴 날을 그 사람에게 고용된 날로 여길 것이라	

룻기	율법	비고
4:2	**신명기 19:15** 15 사람의 모든 악에 관하여 또한 모든 죄에 관하여는 한 증인으로만 정할 것이 아니요 두 증인의 입으로나 또는 세 증인의 입으로 그 사건을 확정할 것이며	법적 증인의 관하여

The Book of Ruth

참고문헌

참고문헌

Anderson A. A., "The Marriage of Ruth," *JSS* 23 (1978): 171-183.

Aschkenasy N., "Reading Ruth through a Bakhinian Lens: The Carnivalesque in a Biblical Tale," *JBL* 126 (2007), pp. 437-453.

Barbara Green, O. P., "The Plot of the biblical Story of Ruth," *JSOT* 23 (1982): 55-68.

Beattie D. R. G., *Jewish Exegesis of the Book of Ruth*. JSOTS 2. Sheffield: JSOT, 1977.

Bertman, S., "Symmetrical Design in the Book of Ruth," *JBL* 84 (1965): 165-168.

Brenner A. ed., *A Feminist Companion to Ruth*, Sheffield: Sheffield Academic Press, 1993.

Bush F.W., *Ruth, Esther*. Word Biblical Commentary. Waco: Word Books, 1996.

Campbell, E. F. Jr., *Ruth*. AB. New York: Doubleday &Company, INC, 1975.

Carmichael, C., " 'Treading' in the Book of Ruth," *ZAW* 92 (1980): 248-260.

Coxon P. W., "Was Naomi a Scold? A Response to Fewell and Gunn," *JSOT* 45 (1989): 25-37.

Fewell D. N., and Gunn, D. M., " 'A Son is Born to Naomi!' Literary Allusions and Interpretation in the Book of Ruth," *JSOT* 40 (1988): 99-108.

__________, "Is Coxon a Scold? On Responding to the Book of Ruth," *JSOT* 45 (1989): 39-43.

__________, "Boaz, pillar of Society: measures of worth in the Book of Ruth," *JSOT* 45 (1989): 45-59.

Gitay Z., "Ruth and the Women of Bethlehem," *A Feminist Companion to Ruth*. A. Brenner ed., (Sheffield: Sheffield Academic Press, 1993), pp. 178-190.

Guttman M., "The Term 'Foreigner' (נכרי): Historically Considered," *HUCA* 3 (1926): 1-20.

Hubbard R.L. Jr., *The Book of Ruth*, NICOT, Grand Rapids: Eerdmans, 1988.

Kruger P. A., "The Hem of the Garment in Marriage. The Meaning of the Symbolic Gesture in Ruth 3:9 and Ezek 16:8," *JNSL* 12 (1984): 79-86.

Lacheman E. R., "Note on Ruth 4:7-8," *JBL* 56 (1937): 53-54.

Levine É, *The Aramaic Version of Ruth*, Analecta Biblica 58. Rome: Biblical Institute Press, 1973.

Loretz O., "The Theme of the Ruth Story," *CBQ* 22 (1960): 391-399.

Luker L. M., "Ephrathah," *ABD* 2, pp. 557-558.

Murphy R., "Ruth," *Wisdom Literature*. FOTL 13. Grand Rapids: Eerdmans, 1981.

Nielsen K., *Ruth: A Commentary*. The Old Testament Library. Louisville: Westminster John Knox Press, 1997.

Phillips A., "Uncovering the Father' s Skirt," *VT* 30 (1980): 38-43.

Phillips A., "The Book of Ruth? Deception and Shame," *JJS* 37/1 (1986):

1-17.

Pressler C., *Joshua, Judges, and Ruth*. WBC. Louisville · London: Westminster John Knox Press, 2002.

Prinsloo W. S., "The Theology of the Book of Ruth," *VT* 30 (1980): 330-341.

Rauber D. F., "Literary Values in the Bible: The Book of Ruth," *JBL* 89 (1970): 27-37.

Sakenfeld K. D., *Ruth*. Interpretation. Louisville: Westminster John Knox Press, 1999.

Sasson J. M., *Ruth. A New Translation with a Philological Commentary and Formalist-Folklorist Interpretation*. Baltimore: Johns Hopkins, 1979.

__________, "Generation, Seventh," *IDBS*. pp. 354-356.

Stern E., *Archaeology of the Land of the Bible Volume II: The Assyrian, Babylonian, and Persian Periods (732-332 B.C.E.)*, New York: Doubleday, 2001.

Trible Phyllis, "A Human Comedy. The Book of Ruth," pp. 166-199 in *God and the Rhetoric of Sexuality*. Philadelphia: Fortress Press, 1978.

Weinfeld M., נכרי. *Encyclopedia Miqrait V*, cols. 866-867 (Hebrew).

Zakovitz Y., Ruth. pp. 71-106 in *The Book of Scrolls: Song of Songs, Ruth, and Lamentation*, J. Klein, M. Paqes and Y. Zakovitz eds., Jerusalem: Rabibim (Hebrew).

강성열, "구약성서 이주민 신학과 한국사회의 다문화 가정,"『한국기독교신학논총』 62 (2009), pp. 5-33.

김영진,『구약성서의 세계』(서울: 하늘기획, 2009).

__________, "룻기와 다문화 사회"『성서마당』 90 (2009), pp. 9-16.

__________,『율법과 법전』(서울: 한들출판사, 2005).

주제색인

주제색인

The Book of Ruth

성구색인

성구색인

245

인명색인

인명색인

지명색인

지명색인

저자색인